新潮新書

廣末 登

HIROSUE Noboru

ヤクザになる理由

678

新潮社

まえがき

人はなぜグレるのか。いつグレるのか。そしてグレ続けたうえにヤクザになるのはどういう人なのか。

本書はこうした問いに答えるものです。

「出来の悪い奴が不良になって、所詮、その行きつく先がヤクザだろ」

そんな風にお考えの方もいらっしゃることでしょう。確かに大筋でそれは当たっていなくもありません。

しかし、では「出来が悪い」とはどういうことなのでしょうか。何が原因なのでしょうか。また、そういう人が皆グレて、ヤクザになるのでしょうか。

身の回りや、もしくはメディアなどでは「元不良」という人を見かけることがあります。その中には確かに「元不良・現犯罪者」という人もいますが、一方で、すっかり更生して、今では立派に働いている人も珍しくありません。芸能人などでも「元暴走族のヘッドだった」などという人はいます。

俳優の宇梶剛士さんは、元暴走族の総長で、少年鑑別所や少年院に入っていたことがあるといいます。しかし、今では立派な役者です。

暴走族ではありませんが、舘ひろしさんも元バイクチームのリーダー格だったそうです。それがいつの間にか、芸能人として大成して、すっかり刑事役が似合う大人になっています。舘さんと一緒にバイクを乗り回していた人の中には、その後、フレンチのシェフとなって、ホワイトハウスの料理人をつとめるまでになった人もいるそうです。人生とは、全くわからないものです。

教育者にもそういう人はいます。元代々木ゼミナール古文担当の人気講師、吉野敬介さんもやはり高校時代は暴走族の特攻隊長だったそうです。

筆者の周りでもたくさんいます。筆者の畏友、「ブラジル番長」こと吉永拓哉さんは、少年院出身者が助けあうためのNPO「セカンドチャンス！福岡」の代表者ですが、彼もまた元暴走族の副総長です。きっと当時は「札付きの不良」と見られていたことでしょう。吉永さんは、福岡の親不孝（現・親富孝）通りで非行少年の更生に尽力し、彼らのよき相談相手になっており、非行少年の更生に取り組んでいます。少年院や警察で講演もしています。彼の仲間もそれぞれ社長になって、従業員に給料を払っています。元札付きの不良たちが、いまや従業員の家計に責任を負っているのです。

こうした人たちもいることから、「若い頃は、少しくらいヤンチャなほうがいいのだ」という説を唱える人もいます。吉永さんも「ビジネスをする相手は、元不良のほうが安心できる。なぜなら、彼らは裏切らないから」と言います。

こう考えてくると、「出来の悪い奴の行きつく先がヤクザ」という簡単な話ではないことにお気づきになるでしょう。

では、どういうことなのか。その答えを本書で考えていきましょう。

（以降、基本的に敬称略とします）

ヤクザになる理由●目次

序　章　なぜ暴力団員の話を聞くのか

犯罪社会学のアプローチ

本題に入るその前に、現在の暴力団を巡る状況と筆者の学問的アプローチの方法について少し述べさせてください。

筆者は、大阪と九州で、およそ一〇年間、ヤクザに対する取材を重ねてきました（ちなみに、ヤクザと暴力団（員、組員）という用語が、いまは混用されています。新聞に代表されるジャーナリズムの世界では、ヤクザという用語はタブー視され、敬遠される傾向にありますから、本書では、分かりやすさという観点から、不本意ながら基本的に暴力団（員、組員）という用語で統一させていただきます）。

暴力団の取材と言うと、ああ、この著者はジャーナリストだな……と、思われる方も多いかと思いますが、筆者は、日本犯罪社会学会に所属し、犯罪社会学を専門とする研究者であります。犯罪社会学という学問は、大学でも馴染みが薄く、講義に行くと、学生さんは『FBI心理分析官――異常殺人者たちの素顔に迫る衝撃の手記』（ロバート・K・レスラー他、ハヤカワ文庫NF　二〇〇〇年）のような犯罪者の心理を研究しているというイメージを持っているようです。そこで、「いや、残念でした。この講義は、心理学ではなく、社会学です」と打ち明けると、怪訝な顔をされます。心理学は一般に認知されているようですが、残念ながら、社会学というとピンとこない方が多いというのが、一犯罪社会学徒としての肌感覚です。

ましてや、暴力団と犯罪社会学という組み合わせになると、お手上げで、未知の領域のような塩梅です。そこで、お次は「犯罪社会学とはなにか」と、当然問われますから、『新しい世紀の社会学中辞典』（ニコラス・アバークロンビー他、ミネルヴァ書房　一九九六年）を参考にしてご説明をしてみましょう。

「犯罪（社会）学とは犯罪行動、すなわち、法律、特に刑法に対する違反行為についての科学である。その研究対象は、（1）社会における犯罪の原因、特質、そして分布、（2）犯罪者の身体的・心理的・社会的特質、（3）犯罪の被害者、および被害者と犯罪者の相互作用である」

つまり、平たく言いますと、犯罪社会学とは、「犯罪や非行の原因や特質を、社会学的視座から分析、検討する学問である」とでも言えばいいでしょうか。

しかし、犯罪社会学が、わが国において、いまひとつ市民権を確立していないことは事実です。これはいかん、犯罪社会学徒として、筆者は、この学問の認知向上のために筆を揮《ふる》わねば……などと大上段に構えるつもりはありません。しかし、暴力団への対策を真剣に考えるのであれば、犯罪社会学的な立場から分析、検討し、そこで得られた知見を広く公表し、社会で共有する必要があると考えています。

そのため、筆者はまず、専門家に向けた著書を書いてみました。ところが、『若者はなぜヤクザになったのか――暴力団加入要因の研究』（ハーベスト社　二〇一四年）というその著書を世に出してみると、何のことはない、専門家以外の方からの反応が良かったのです。そこで、気をよくしまして、その本をもっと分かりやすく書く必要性に思い至りました。

それは二〇一〇年以降、全国の地方自治体が相次いで暴力団排除条例（以下、暴排条例）を施行したことと関係があります。皮肉にも、暴力団排除の動きを強めたことによって、結果的に我々一般市民が否応なく暴力団排除の責務を負うことになったのです。それまでは警察任せで良かったのに、むしろこちらがやらねばならないこと、考えなければいけないことが増えたのです。

ノンフィクション作家の溝口敦は、『暴力団』（新潮新書　二〇一一年）で、「暴力団は今曲がり角にいます。このまま存続できるのか、それとも大きく体質を変えて生き残りを図るのか」と述べています。同様に、我々一般市民も、安心・安全かつ健全な社会を存続できるか否かのターニング・ポイントに直面しているといえるでしょう。近年、顕著になった暴排運動の高まりは、決して対岸の火事ではないのです。

暴排条例の主役は市民

現在、わが国では、暴力団排除の意識が高まりを見せています。とりわけ、二〇一四年から一五年にかけて行われた、九州の工藤會壊滅作戦に至っては、近年まれに見る頂上作戦ともいえる異様なものでした。「え、私たち一般人には関係ないし」「暴排は、警察の仕事でしょ」という読者諸兄姉、ちょっと待った。皆さんがお住いの自治体が定めた暴排条例をご覧あれ。その排除の主体（排除する責務がある人）は、あなたになっていませんか。

暴排条例とはどのようなものでしょう。条例とは、地方公共団体が、議会の議決により、自主的に制定する法規のことです。暴排条例はあまり日常的には耳にしませんが、ハレンチ事件などで「迷惑行為防止条例違反で逮捕」というような記事はよく目にします。条例は法律の一種ですから、違反者は警察の取り締まりの対象となるのです。

暴排条例は、まだ新しい法律です。二〇一〇年四月に、筆者が生活する福岡県が施行し、翌一一年一〇月には改正までしたことから、福岡県は、暴排条例の実験地であり先進県と評されました。これがヒナ型となり全国の自治体が追従し、二〇一一年一〇月には、東京都と沖縄県がそれを施行することで、全国暴排条例の足並みが揃いました。二〇一一年といえば、タレントの島田紳助が、暴力団との交際を理由に芸能界を引退するというニュースが耳目を集め、暴力団という存在が注目された年でもありました。

それでは、ここで、福岡県の暴排条例を見てみましょう（傍線筆者）。

「第一章　総則（目的）第一条　この条例は、暴力団が県民の生活や社会経済活動に介入し、暴力及びこれを背景とした資金獲得活動によって県民等に多大な脅威を与えている福岡県の現状にかんがみ、福岡県からの暴力団の排除（以下「暴力団の排除」という。）に関し、基本理念を定め、並びに県及び県民等の役割を明らかにするとともに、暴力団の排除に関する基本的施策、青少年の健全な育成を図るための措置、暴力団員等に対する利益の供与の禁止等を定めることにより、暴力団の排除を推進し、もって県民の安全で平穏な生活を確保し、及び福岡県における社会経済活動の健全な発展に寄与することを目的とする」

次に、東京都の暴力団排除条例を見てみましょう（傍線筆者）。

「第一章　総則（目的）第一条　この条例は、東京都（以下「都」という。）における暴力団排除活動に関し、基本理念を定め、都及び都民等の責務を明らかにするとともに、暴力団排除活動を推進するための措置、暴力団排除活動に支障を及ぼすおそれのある行為に対する規制等を定め、もって都民の安全で平穏な生活を確保し、及び事業活動の健全な発展に寄与することを目的とする」

いかがでしょうか、良く似ています。

溝口は『続・暴力団』（新潮新書　二〇一二年）で、暴力団排除条例では、暴力団は「住民の責務」として住民が排除しなければならないことになっており、それはこれまでの対決構図だった「警察対暴力団」を「住民対暴力団」に切り替えるものだ、と指摘して、その危険性に懸念を示しています。溝口の危惧する通り、この暴排条例が対象とするものは、暴力団組織や組員ではなく、「県及び県民」であり、「都及び都民」です。この条文を、タテから読んでも、ヨコから読んでも、暴力団排除の主体は、「県民や都民の責務」として、我々が排除しないといけないように読めます。そうすると、住民や企業は、自己責任で暴力団と対決し、暴力団と関係を結ばないよう（それまで関係を持っていたなら、切るよう）努めなければならないのです。

荒れる北九州

その結果、福岡県で何が起こっているか。その現状を報告しましょう。

「標章制度」なるものをご存じでしょうか。これは、お店や事業所の入り口に「暴力団員立入禁止」と記された標章（シール）を貼るものです。この制度は二〇一二年八月、改正福岡県暴力団排除条例に基づいて始まりました。福岡県内の北九州市小倉北区堺町や福岡市博多区中洲など五市七地区（いわゆる繁華街）が対象で、違反すれば県公安委員会が中止命令を出し、違反が続く場合は同条例違反容疑で逮捕できるというものです。

工藤會の頂上作戦で張りつめた小倉の街に、この制度によってさらなる緊張が走りました。いくつかの流血事件が起きたからです。

二〇一四年七月三一日に、西日本新聞が報じた記事によれば、北九州市では制度開始後、飲食店関係者を狙った切りつけ事件が四件発生し、その後も、襲撃事件などが続いている、とあります。同記事によれば、一二年末に標章を外した同市のスナック経営女性は「事件の犯人が捕まらないのに、標章を貼る勇気はない」と本音を漏らしています し、また同市の居酒屋経営男性は「暴排の姿勢を示すために掲示し続けているが、未解決事件が多いと暴排機運はしぼんでしまう」と言い、「県警の奮起を求めた」とあります。

暴力団側からの脅しが効いたのか、県警が、北九州市、福岡市、飯塚市、久留米市・大牟田市の四地区に分けて標章の掲示状況を集計したところ、「北九州市で掲示している店は、制度開始当初から約3割減少し、対象店全体に占める標章掲示率も、今年6月末で54％に低下。同市以外の3地区と比較すると、北九州の減少幅が突出している」（同記事）という現象が起こっています。

この記事が出た頃、県警はさらに暴排の網を狭めるべく活動していたようです。これは、筆者が、ある新聞記者の方に聞いた話です。その記者氏いわく、小倉のある飲み屋に入ったら、いきなりビール瓶で頭をカチ割られそうになったとのこと。なぜそんな目にあわねばならないのか、事情を店側に聞くと、こういう話でした。県警の人が、飲食店を一軒ずつ回っては、

「あんたのとこ、暴力団にミカジメ払ってんじゃないの。いま、正直に言うたらええけど」

とプレッシャーをかけている。しかし、警察は店にはそんなことを言うのに、例の切りつけ事件は未解決のまま。店の女の子たちは、「警察は何もしてくれん」と言って、スタンガンなどを持って自衛せざるを得ない状況になっていたそうです。

そんな時に、開店前の店に入ってきたのが、恰幅が良く、髪の毛を短く刈った件の記者氏でした。暗がりで見たらヤクザっぽく見えなくもないので、店の女性が怯えて過剰な反応をした、というのが事の顚末です。

記者氏も怖い思いをしたでしょうが、女性がビール瓶を振り回さないといけないほど、小倉の街は荒んでいるのか……と、筆者もまた暗澹《あんたん》たる気分になりました。要するに、市民に「責務」を果たすように求める暴排条例の性質から生じた事態と言えます。

官製村八分

もう一つ、福岡県の暴排条例がらみのケースを紹介します。これは、県や都といった自治体が、暴排条例に基づき責務を果たした結果、生じたものです。

福岡県には「おにぎり会」という建築業者のゴルフ愛好会があります。参加業者は七〇社にものぼります。二〇一〇年一〇月と一二月、この会の九社の経営者が、熊本県と福岡県でプレイした際、道仁会幹部と山口組系の組長がメンバーに加わっていたことが判明しました（大手ゼネコンの福岡支社社員も参加していました）。これを受け、福岡県警は、翌年三月に福岡県や福岡市に業者名を通報し、県警のホームページに業者名を公表しました。通報を受けた自治体は、この九社に対し、指名停止の措置を取りましたから、当然、公共工事などの事業から締め出されることとなりました。その結果、二社が倒産したそうです。

このケースでは、自治体は、その責務を忠実に果たしているわけですが、ちょっと納得ができません。一般市民とゴルフをした暴力団組長にはお咎めがなく、一般市民のみが不利益を被っている。これではまるで暴排条例による「官製村八分作戦」です。暴力団と（個人的にであっても）付き合うと、当局から密接交際者というラベルを貼られ、社会的制裁を受ける。「おにぎり会」事件で倒産した二社で働いていた方や、その家族の方の心中を察すると、何ともやりきれない気持ちになります。

離脱者はどこへ

暴排条例がらみの懸案事項の最たるものに、暴力団離脱者の社会復帰問題が挙げられます。筆者は、二〇一四年から一五年にかけて、暴力団離脱者や暴力団組員と面談し、彼らの生活をこの目で見、生の声を聞いた者として、この問題は看過してはならない問題であることを強調しておきます。

暴力団離脱者の数は警察の発表では、増加し続けています。

「組を抜ける人が多いのなら結構なことじゃないか」

そう思われるかもしれませんが、事はそう単純ではありません。以下、二〇一〇年度以降の離脱者と、就職者数を見ていきましょう。就職は、各地の警察や暴力追放運動推進センター（以下、暴追センター）、労働局、刑務所、民間の協力者による社会復帰対策協議会の連携支援による、とされています。

・二〇一〇年度　暴力団離脱者　六三〇人　就職者数　七人
・二〇一一年度　暴力団離脱者　六九〇人　就職者数　三人
・二〇一二年度　暴力団離脱者　六〇〇人　就職者数　五人
・二〇一三年度　暴力団離脱者　五二〇人　就職者数　九人

この四年間での離脱者数は合計二四四〇人で、就職者数は二四人。就職率は一％にも満たないのです。残りの九九％の元組員は、一体どうなったのでしょうか。

暴排条例においては、暴力団を離脱しても、一定期間（おおむね五年間）は、暴力団関係者とみなされ、銀行口座を開設することも、自分の名義で家を借りることもままなりません。暴力団離脱者（と、その家族）は社会権すら制限されています。だからと言って、暴力団員歴を隠して、履歴書に記載しないと、虚偽記載となる可能性があるのです。

この問題は、国会でも取り上げられたことがあります。二〇一二年五月一八日参議院において、又市征治議員が、平田健二議長に対し、「暴力団員による不当な行為の防止等の対策の在り方に関する質問主意書」を提出しました。その中では、

「(九)『暴力団排除条例』による取締りに加えて、本改正法案が重罰をもって様々な社会生活場面からの暴力団及び暴力団員の事実上の排除を進めることは、かえってこれらの団体や者たちを追い込み、暴力犯罪をエスカレートさせかねないのではないか。暴力団を脱退した者が社会復帰して正常な市民生活を送ることができるよう受け皿を形成するため、相談や雇用対策等、きめ細かな対策を講じるべきと考える」（第一八〇回国会〈常会〉質問主意書第一一六号）

として、暴力団離脱者の社会復帰における受け皿の形成の必要性に言及しています。

「いやいや、暴力団員だったのだから、それは自業自得でしょう。いまは、まじめに生きていても仕事に就くのは大変なんだよ。暴力団員だった人にそのような〝きめ細かい配慮〟は不必要でしょう」

そういうご意見もあるかと思います。一種の自己責任論の立場です。

しかし、日本国憲法の下では誰しも平等に生きてゆく権利を有しています。たとえ、暴力団離脱者であったとしても、奥さんや子どもさん、親兄弟はもちろんのこと、本人にも生存権や幸福追求権は認められています。しかし、暴排条例は、暴力団離脱者（と、その家族）に対して、彼らの生存にかかわる重大な問題を生じさせています。

しかも日々を生きるために、彼らは、稼がなくてはいけません。合法的に稼げなければ、非合法的に稼ぎます。彼らが組織に属していた時には、「掟」という鎖がありました。しかし、離脱者は掟に縛られませんから、金になることなら、どのような悪事にでも手を染めます。正真正銘のアウトロー（掟に縛られぬ存在）の誕生です。

このように、暴排条例は、社会に大きな変化をもたらし、危険な歪みを生んでいるのです。もしかしたら、わが国の組織犯罪の性質を一変させ、より悪いものへと変質させる可能性すら孕んでいるのです。

たとえば、覚せい剤を暴力団組員が扱うと、表向きは組織の掟破りということで処罰を受けます（実際は黙認していたとしても、組員が警察に検挙されたりすると、破門などの処分を受けます）。しかし、暴力団を辞めた人が覚せい剤をシノギにすることには、何の不都合もありません。さらに言うと、彼らが未成年に覚せい剤を販売しても、何の咎めも受けません。

そうであるとすれば、今後、市民は、〝前門の虎、後門の狼〟の状態に置かれる可能性が高くなることは否めません。暴排条例にもとづき、暴力団を排除する一方で、アウトロー化した暴力団離脱者という新たな脅威からも身を守らなくてはならないかもしれません。安心安全な社会がターニング・ポイントに直面しており、暴排条例が対岸の火事ではないと言った背景には、こうした社会的変化が今まさに起こっているという、その現状を、筆者が、この目でリアルに見てきたからです。

ここまで、かなり大まかに暴排条例が一般市民と暴力団に与えた影響を見てきました。紙幅の都合から、この問題をこれ以上掘り下げることはしません。しかし、この氷山の一角を見ても、暴力団問題を当局任せにすることなく、いま、我々一人ひとりが考えなくてはならない理由がお分かりいただけるかと思います。「悪いから排除するという理屈はあるけれど、排除した人たちをどうするのかを提案しないかぎり、やっぱり『法の責任』というものを果たしていない」という宮崎学の意見はもっともであると思います（『メルトダウンする憲法・進行する排除社会』同時代社　二〇一二年）。

そうしなくては、諸外国や我々の子孫から、平成の暴力団排除運動の高まりは、国民的議論を経ない「暴排のカラ騒ぎ」という不名誉な誹りを免れないかもしれません。何より、行き場のない大量の暴力団離脱者から転じたアウトローの跋扈《ばっこ》は、我々一般人にとって、相当にヤバイことになる危険性を孕んでいるのです。

暴力団問題を国民的議論に

言うまでもないことですが、暴力団という社会集団は、外国から来た人たちでもなければ、ここ数年で急速に発達したわけでもありません。歴史的にみても、我が国の社会と共に、栄枯盛衰を経てきた社会集団です。良くも悪くも、日本社会の一部といえます。ですから、筆者は、この国を次世代に託すため、明るい未来を考える上で、いま、このタイミングで、暴力団問題を国民的議論の俎上に載せる必要があると考えます。

ただ、そうはいっても、我々一般市民は警察官ではありませんから、暴力団の組織に対して、何ら強制力を発揮できません。それは警察の仕事です。法を破り、悪いことをする人や団体は、どんどん逮捕してもらいましょう。我々は、もっと身近なところから、安心・安全かつ健全な社会を構築するために、少しずつ、絶え間ない努力を、日常的に行う必要があるのです。

暴力団の対策を長い目で見たとき、筆者は大きく二つの問題を考える必要があると思います。ひとつは、若者の暴力団加入問題、いまひとつは、暴力団離脱者の社会復帰問題です。この入り口と出口の両方を念頭に置かない政策は、実効性に欠ける砂上の楼閣といえます。しかし、この二つの問題を一冊の本で論じるとなると、かなり扱う範囲が広くなり無理があります。そこで、本書では、前者――すなわち、若者の暴力団加入問題に的を絞って議論します。

本書の冒頭で「犯罪社会学は、犯罪や非行の原因や特質を、社会学的視座から分析、検討する学問である」と述べました。その関心のひとつに、犯罪や非行に従事する人間が成長していくにあたって、どのような社会的な力が影響を及ぼすか、ということがあります。本書は、暴力団員の人生過程に沿って、彼らが暴力団加入に至った様々な要因を分析し、検討します。

暴力団の構成員も、生まれたときから「おんどりゃあ、はんどりゃあ」と、泣くわけではありません。十数年かけて発達するなかで、家族社会、近隣社会、交友関係という様々な社会的な諸力の影響を受け、社会的相互作用の結果として暴力団加入への道を選択するわけです。

筆者自身の経験を振り返っても言えることですが、犯罪社会学的常識からいうと、非行は、加齢と共に減衰し、非行少年は、やがて遵法的な市民になります。しかし、一部の者はグレ続けた結果、悪のエリートへの出世街道を歩むこととなります。その行きつく先の一つが、暴力団組織という社会です。

では、なぜ人はグレるのでしょうか。

家庭という社会は、彼らに何をしたのでしょうか（あるいは、しなかったか）。学校社会は、彼らに何をしたのでしょうか（あるいは、しなかったか）。友人たちは……。

本書は、この問いに対する答えを模索し、新たな暴力団加入者を増やさないために、現時点で、今日、この瞬間から我々ができることは何かを探る目的で書かれています。「なぜ人はグレて、グレ続けて、暴力団員になるのか」という問題を、一人でも多くの読者に、本書をきっかけとして考えて頂けたら、これほど嬉しいことはありません。

筆者は、およそ一〇年間にわたり、多くの暴力団員、暴力団離脱者、親分、姐さんと直接会い、半構造化面接調査（あらかじめ質問事項などはきっちり準備しておくが、話の流れによってその質問は中止したり変えたりして、柔軟に対応していくやり方）を行ってきました。さらに、何度も同じ話を聞き、談話データの質を高めてきました。なぜそのような手間のかかることをするのかというと、近年、暴力団に関する言説、研究から「リアリティ」が欠如しているように感じていたからです。

調査のリアリティ

一九六〇年～八〇年代位までは、暴力団のリアリティというか、そこにいる人たちの営みが紙面から染み出すような報告書が散見されたのですが、平成の時代に入ってからは、暴力団は単なる統計上の数字に表れるだけのものになりました。これは、研究者が「自分のズボンの尻」を汚し、「少々の危険を冒して暴力団員や離脱者と会い」面接調査することをやめ、専ら、刑務所のような刑事施設におけるアンケート調査が主流になったからです。こうした「囚われの情報提供者」から集めたデータは、対象者に直接会って収集した第一次データと比較して、リアリティが損なわれがちになります。調査対象者は、〝事なかれ〟的に、社会的に望ましい回答をするかもしれません。

そうした最近の調査結果に、どうも得心がいかない筆者は、「よし、それじゃあ、当事者に直接聞いてみよう」と考えました。この試みは、筆者の若かりし頃の経験が大いに役立ちました。専門的に言えば「非行的な社会化」(非行集団内のサブカルチャーにおける非行用語や態度の内在化）の経験、簡単に言えばグレていた過去が生きたのです。暴力団調査の調査地点選定、情報提供者の確保に試行錯誤しましたが、関西にある元暴力団幹部が運営するキリスト教会と出会えたことは幸いでした。前述の『若者はなぜヤクザになったのか――暴力団加入要因の研究』は、この教会を基点として行った調査にもとづいて書かれています。

先に紹介した福岡の事例が、全国に飛び火しないためにも、真に安心・安全かつ健全な社会を後世に継承するためにも、人がグレること、グレ続けることについて、少しのお時間を割いていただいて、一緒に考えてみませんか。

七人の元組員たち

なお、本書に登場する元組員の方々の簡単な素性、経歴は以下の通りです。

●Iさん

Iさんはキリスト教会の主任牧師。調査時点の年齢は四三歳で、非常に精力的な人物です。身長一六二センチ、体重は約七五キロ。体型は全体的に丸く温和な印象を受けます。

しかし、牧師であるIさんの背中には虎と竜の刺青が鮮やかに彫られています。また、肩をいからす身のこなしからも、彼がかつて暴力団員であったという事実を窺い知ることができるのです。時折、彼の逆鱗に触れた者は、その強い視線や威嚇力に萎縮します。筆者も、調査期間を通して、何度か、Iさんが激高した場面に居合わせたことがあります。

Iさんは大阪の在日韓国人が多く住むといわれる地区で生まれた在日韓国人三世です。実家は大阪市内で自営業を営んでいました。特に家庭に決定的な問題があったわけでもないのですが、Iさんは中学生になってからグレ出したそうです。本人にその理由を尋ねてみると、「ガッコ（学校）で上にならんと面白うないやん」、あるいは「不良に憧れたから」と答えました。

中学校を卒業したIさんは、暴走族、鑑別所、暴力団という道を歩みました。しかし、彼はこうした非合法的な集団、環境の中で着実にヒエラルキーを上昇して行った数少ない暴力団員の一人であるといえます。

暴力団を辞めたのは二八歳の時。その間接的理由は、Iさんが所属していた組のスワット（組長のボディガード）という特務を辞退したからです。自分の命の為ではなく、家族の為の決断でした。この時、彼は三児の父親になっていたのです。

暴力団を離脱したIさんは、神学校に通う傍ら、飲食店の皿洗い、ガードマンなどに従事し糊口をしのぎました。二つの神学校で学ぶうちに、日本語すらも満足に出来なかったIさんが、ヘブライ語やラテン語を解するようになりました。

調査時の段階で、彼は牧師になって八年目でした。筆者が大阪を後にした約一月後、彼の弟子四人が神学校に入学しています。

筆者は、このIさんと度々食事を共にしました。その席には必ず元暴力団員のKさん（後述）や神学生、あるいはIさんの息子が同席しましたが、Iさんは、他の若者に対し礼儀作法の徹底を求めていました。礼儀作法の指導は、あいさつ、食事に要する時間、食べ残し、入浴時間にまで及びました。

Kさんも、そのようなIさんの指導を支持しています。彼らは自身が若い頃、礼儀作法を身体に教え込まれたといいます。しかし、その指導をした人は、暴力団の親分や兄貴でした。

Iさんが暴力団の世界から足を洗ってから一五年。それでも暴力団時代に涵養された規範意識や行儀作法はまだ残っているのです。

●Jさん

Jさんは大阪市内の生まれです。近隣で育ったIさんとは、小学校二年からの竹馬の友で、一緒に「アヒルの餌をやっていた」仲だといいます。現在はIさんの教会に通う信者です。

仕事は建設作業員。平日は建設現場で働きながら、週一回自宅で聖書の勉強会を開き、足繁く教会に通います。

身長約一七〇センチ、体重七〇キロと均整が取れた体つきをしています。すばらしく話が上手《うま》く、物まねも得意です。とりわけ、教会員の仕草の真似をさせたら、彼の右に出る者はいません。

また、Jさんは同様の能力で、かつての暴力団生活の一幕を再現するのも上手です。彼がシャブ中（覚せい剤中毒者）の真似をすると、そこには、おぼつかない仕草で覚せい剤を注射する覚せい剤中毒患者が現れるのです。暴力団の喧嘩を再現する時、その迫力に我々は圧倒されます。このようなパフォーマンスが真に迫っている理由、それは確かにJさんの豊かな表現能力に負うところが大きいと思われます。しかし、何より重要なことは、それら一連のパフォーマンスが、彼の実体験に基づいて為されているということなのです。

Jさんの家は自営業を営み、表面的には家庭に問題はみられません。JさんもIさん同様に、中学に入ってグレ出したそうです。彼は中学時代にシンナーを濫用しました。筆者が、なぜそうなったのかを尋ねると、彼は中学の友人関係を理由に挙げます。ちなみに、Iさんも同様に周辺環境が劣悪であると語っています。

そのような地域で、中学生のJさんは非行集団の一員となり、頭角を現し、近隣のテキヤと交わり、一六歳で暴力団に加入しました。

ある時、Jさんは筆者に言いました。

「おれらはな、こん（この）世界で生きて行くんはしんどいで、なしかて（なぜかといえば）、指ないねん。刺青も背負うとる。せやから、おれのような仕事しとってもな、手袋脱げんし、シャツも脱げんのや」

彼の是非を弁別する能力は、主として非合法的な組織に籍をおいた期間に育まれているようです。ゆえに、今に至っても自己の主張を曲げることが苦手であり、口論よりも腕力による解決を好むようです。ある者が彼を「瞬間湯沸かし器」と評したほど、感情的な一面を持ちます。

筆者はJさんをナイスガイと考え、親しく付き合っていました。しかし、教会に集う者全てが、筆者と同様の感情を抱いているかどうかは疑問です。

●Kさん

Kさんは調査時点で四九歳。身長一七五センチ、体重約八〇キロ。彼もIさんの教会に通う信者です。Kさんはかつて暴力団の世界における成功者でした。今でもその頃を彷彿とさせる貫禄を備え、ファッションセンスもなかなかのものです。

しかし、日々、Kさんの活力はその身体から流れ出しているようです。重度の肝炎を患っており、週に三回は通院する必要があるからです。何よりKさんを苦しめているのは、この病の弊害として、四肢が著しく腫れて歩行が儘ならなくなることです。したがって、彼は就職し、働き、生活費を得ることができません。

ゆえにKさんは、国の生活保護を受け、信者の家庭で食卓を共に囲み、一日の大半を自室でパソコンに向かいながら過ごします。教会の信者たちが彼に対して期待する役割とは、信者の相談に乗ることです。Kさんはその任務を、パソコンを駆使して着実にこなしています。

京都の両親の元で中学を卒業したKさんは「非行的な友人との親交を断つために」という親の配慮から石川県の親戚の家に預けられました。Kさんは、当地で高校に入学しましたが、二年で高校を中退し、東京・新橋にあるキャバレーに勤めました。その職場で約二年間働く間に刺青を入れ、それを土産に京都に帰郷したのです。京都ではグレン隊のボスをしながら、地元暴力団のフロント企業で金融の仕事に従事し、一九歳で暴力団に加入しています。

Kさんは二つの理由から暴力団員になることを決意したといいます。一つは、中学一年の頃、昨日まで親しかった友人のグループから理由無くイジメられたこと。もう一つは、酒乱の父親に虐待されたことです。彼らを見返してやりたい、という気持ちがあったのです。

Kさんは暴力団に入った後に、着実にそのヒエラルキーを上昇することで、地位と金を手に入れたのですから、その意味では、彼は当初の目標を達成し得たといえます。しかし反面、不規則な生活の中で、日々アルコールや覚せい剤に対する依存が強まっていきました。

現在、彼はこの負の遺産と共に教会の近くのアパートの一室で生活しています。二五年の暴力団生活が残したもの、それは非合法的な組織の中で生き残るためのスキル、肝炎、そして孤独な一人暮らしの生活でした。

●Lさん

Lさんは調査時点で三六歳。身長一七五センチ、体重は約九〇キロ。

彼は日曜日になると美容師の彼女を伴い教会に姿を見せます。まれに飲酒後教会に来て、信徒席に座るLさんを非難する信者もいますが、直接たしなめる者は誰も居ません。もっとも、彼は酒を飲んでいようが、素面の時であろうが、常に愛想が良いため、子どもたちの人気者です。Lさんは子どもたちにフランクに質問をします。

「今ん何？ 兄チャンに教えてんか」

すると子どもたちは、こぞってLさんにテレビ等から得た知識を披露するのです。このような姿を見ていると、彼が最近まで暴力団組員であったという事実をにわかには信じられないくらいです。

Lさんが育ったのは一般的な家庭です。家庭内の問題を指摘するとすれば、父親が単身赴任し、実質上単親家庭であったということでしょう。

母親は、そうした家庭内のハンディキャップを補うべくLさんを小学校時代から塾に通わせました。Lさんの回想によれば、このことが彼を暴力団に追いやった出来事を引き起こしたといいます。

中学生だったある日、塾帰りのLさんは友人から貰ったタバコをくわえながら歩いていました。彼は気が付かなかったそうですが、その様子を同じ塾に通う級友の母親が目撃していました。翌日、塾から五人の級友が去っていったそうです。

また、彼らの母親はLさんと交際することを厳しく禁じたといいます。昨日までの仲間集団から外されたLさんは、新たな仲間集団に加わる必要を感じ、分譲住宅地という近隣地域に住む中流家庭のグループではなく、他の小学校から来たグループ、すなわち、非行的なグループの者たちと付き合うようになりました。その後、Lさんは非行グループの中で地位を確立し、一三歳の時、窃盗とシンナーで補導されることとなりました。

中学を卒業したLさんは、調理師の助手をしながら四〇人規模のグレン隊に籍を置いていました。そして二三歳の時、無職だったLさんは、暴力団の臨時運転手を務めた縁で、そのまま暴力団に入りました。

Ｌさんの場合、暴力団加入の動機は漠然としたものです。「漠然と金欲しい、エエカッコしたいからヤクザになった」

また、Ｌさんは、一般に暴力団加入者が組織に求める名誉や地位には「興味なかった」と断言します。

そのように競争心に欠けるため、当然ながら暴力団の世界で成功を収めることができませんでした。三二歳の時、組から破門され、刑務所に三年間服役しました。

暴力団の社会で成功する為に一番必要な能力は何であるかと尋ねてみたことがあります。それに対してＬさんは「頭の切れ、言う口（話す能力）が必要である」と答えました。彼は自分にはその能力が欠如していると考えているようでした。

しかし、筆者が見るところ、Ｌさんに足りないのは「頭の切れ、言う口」といった「スマートネス（抜け目のなさ）」というよりは、むしろ堪え性のように思えました。なぜなら、三五歳で出所して今日まで、幾つかの仕事を紹介してもらっていますが、いずれも長続きしないのです。

もう一つ、Ｌさんが暴力団員としても大成しなかったと思われる理由として、統率力の欠如を挙げることができます。

「自分はいじめっ子だったし、自己中心的であったから、下の者からの人望が無かった」というLさんの発言は重要です。Lさんは、中学校時代、グレン隊時代、暴力団員時代を通して、采配を振る指導的立場についぞ立ったことが無いのです。

中学校時代、近隣社会はLさんを白い目で見、そこに受け入れませんでした。今なお、Lさんは一般社会に対して反感を持ち続けており、そこに組み込まれる（再統合される）ことを拒んでいます。そのようなLさんが自分の気を許せる対象は、現時点においては、酒と子供たちしか無いように筆者には思えました。

●Mさん

Mさんは調査時点で四七歳。身長一七三センチ、体重約八〇キロで男前です。彼は毎日曜日、片道二時間かけて息子と共に教会にやってきます。事情を知らぬ者には、ただの仲の良い親子に見えるかもしれません。しかし、この息子（次男）は、障がいをもって生まれてきました。その原因はMさんの覚せい剤濫用にあるのかもしれません。自身の過去を非常に後悔しており、家族の話に言及すると自嘲気味に俯き、その口調は重くなります。

Mさんは I さんや K さんと同様、かつては暴力団社会で成功を収めた者です。彼の地位は会長付きであり、傘下組織の「若中頭」として、東京の繁華街を預かっていたといいます。

Mさんは大学を中退しグレン隊まがいの生活を続け、「クスリ（覚せい剤）が常用できて、居場所があったから」二〇代後半で暴力団員になったそうです。

他の人と大きく違うのは、Mさんの場合、両親の最終学歴が大卒で、彼自身も大学入学経験がある点です。このような環境は、他の被調査者に比べてより一般社会的であり、一見、問題は見られません。しかし、Mさんは中学時代には番長を、高校時代は、三〇〜四〇人規模のグレン隊予備軍をまとめる頭として活躍しています。そして、この少年時代を通して、Mさんは確実に覚せい剤中毒の道を歩んでいったのです。この覚せい剤との縁が、Mさんを暴力団の集団に接触させる端緒となったのです。

Mさんは暴力団員になった年齢が遅いにもかかわらず、その世界では一応の成功を経験しています。その秘訣を尋ねると、「おれって本当に悪だったんだよ。人泣かせても何とも思わなかったからね。だから、ヤクザって本当の悪じゃないと続かないよ」と答えました。

そのように「本当の悪」であった頃のMさんを、筆者は想像できません。なぜなら、Mさんは、その表情から微笑を絶やしたことが無いからです。また、その言葉遣いからは教養さえ感じられます。

ただ、筆者は、礼拝堂や教会の前に駐車した車の中でひとり、息子を待つMさんの姿をしばしば目撃しています。そしてMさんが教会員の誰かと特に親しく付き合っている姿を見たことはありません。彼は、その教養ゆえに一般の暴力団経験者とは話が合わないのかもしれません。

一方、一般信徒の人々は、Mさんが熱心に祭壇に祈りを捧げようが、親子で仲良く戯れていようが、彼の存在を恐れているように感じました。確かにMさんには静かな迫力があり、時折垣間見せるその眼光の鋭さは、未だ衰えることがありません。彼の長年にわたって培われた「スマートネス（抜け目なさ）」と「タフネス（頑強さ）」は、刺青同様、Mさんの五体に刻みつけられたものなのかもしれません。

●Nさん

Nさんは調査時点で五二歳。京都の被差別部落の出身です。身長は一六八センチ程でがっちりとした体型です。ファッションのセンスはなかなか良く、決して落ちぶれた印象は受けません。Nさんとは、Kさんを通じて知り合いました。二人は、かつて同じ暴力団組織に所属しており、付き合いは一〇年に及ぶといいます。

Nさんは一旦話を始めると非常に饒舌であり、聞き手を退屈させることがありません。しかもただ一方的に話すのではなく、相手が自分の話を聞いているのかどうかを確認したり、こちらの話の意図を先に推測することにかけては、高い能力があります。そうした「抜け目なさ」に関しては未だに衰えをみせてはいません。

Nさんの暴力団生活は一八歳からはじまり、二〇〇二年四月八日、四七歳で組に絶縁されるまで、約三〇年間継続しました。Nさんも組織の中ではいわゆる幹部であり、自分の配下の若衆を多数擁していました。「おれが親分や」という意識は、中学校時代から組に絶縁されるまで続いた、とNさんは豪語します。

Nさんは幼少時、両親とはほとんど口をきくことがなかったといいます。父親は会社員で大阪に勤めており、朝早くから出勤し、夜遅く帰宅するという生活でした。母親は結核のため「山の病院」に入院しており、結局退院することはなかったそうです。

したがって、Nさんの面倒を見ていたのは、父方の大酒のみの祖父とその妹（祖父の妹）でした。このような家庭的な環境に加え、被差別部落という環境がNさんを暴力団に進ませる促進剤の役割を果たしました。Nさんによると、彼のいた被差別部落においては、暴力団の存在は奇異なものではなく、幼い時分から目にしている自然な存在だったというのです。

Nさんは次のように当時を回想しています。

「わしの叔父は組の幹部やった。頭にタオル巻いて、上半身モンモン出して縁側で団扇使いよる。近所の若い衆もそんなんがようけ居《お》った。そこいら中に刺青したんがようけ居る。また、わしらもそんなんに憧れんねん……大きくなったら（わしらも）そうなると疑わへんかったで」

今、Nさんは教会に住み込み、生活保護を受給しながら「清貧な」生活をしています。しかし、彼の暴力団で培った価値観や態度は、容易に一般社会のそれと同化し得ないと思われます。なぜなら、筆者の見るところ、Nさんは、子ども時代の出来事や境遇を自らが暴力団に入ったことを正当化する根拠として語っているように見えるからです。他に選択の余地がなかったことを強調するのです。さらに、暴力団時代についても、武勇伝のごとく肯定的に語る傾向があります。そして何より、Kさん同様に、その判断基準の拠り所は、未だに暴力団の尺度にあるように筆者には感じられたのです。

●Oさん

Oさんは調査時点で六二歳。身長は一六〇センチ強と小柄で痩せています。Oさんとは I さんの紹介で知り合いました。

姫路駅前の待ち合わせ場所にやって来たOさんは、野球帽をかぶり、ツイードの上着を作業服の上に引っ掛けており、その容貌は、いわば職人の親方といった風情でした。浪花節を語り、その家元でもあるOさんの声は渋い響きを持ちます。そして、その一種独特な口調で語られる回想は、感情的な表現、情景描写に富み、聞く者の興味を掻き立てるのです。このようなOさんの持つ一種独特な個性によるものか、彼との対話は五時間にも及びました。

筆者が調査した暴力団経験者のうち、Oさんほど言葉を選んで話す者は珍しかったといえます。初対面の時、次のように言い、筆者の表現を諌めたこともありました。

「あんたが今後も研究続けるのなら言うとくことがある。わしらはな、暴力団言われるんが何より好かんのや……それは警察が付けた呼び名や。『男の道』言うて欲しいしな、『義俠客』言うて欲しいな。わしら弱いものイジメしたことは無いし、金を強請《ゆす》ったこともない。ただ、開帳して（ばくち場を開いて）シノイでいた俠客や……そのところ気いつけてな」

筆者は調査期間を通して、Oさん以外の被調査者に対し、「暴力団」という呼称を用いてきました。そのことに対し、不快感を表されたり、反論された経験は皆無でした。むしろ、「暴力団、暴力振るって何ぼのもんや」というように、暴力団員であったという事実を肯定的に捉えている人のほうが多かったのです。しかし、Oさんは、彼自身が「俠客」であり「カタギ」の人間には迷惑を掛けたことがない、いわゆる昔気質のヤクザであったと認識しているのです。

Oさんの回想は、大別すると、否定的な経験を重ねた幼少時代と、肯定的な青春時代に分けられます。前者において、最も重要な否定的出来事は、父親の家出と兄の自殺であり、後者にあっては、戦後の愚連隊「血友会（仮称）」の副会長であったことや、暴力団時代に賭場の胴元をしていたことです。

現在、Oさんは造園業を営む傍ら、通信制の講座でキリスト教義を学びながら、伝道者として近隣の刑務所などを訪問しています。確かに、その言葉には多くの経験に裏打ちされた重みがあり、男としての価値観は若き日々と変わりません。それは、Iさん、Jさん、Kさん、Nさん同様に、やはり長年帰属した暴力団社会において涵養されてきたものであると思われます。そしてOさんは、今にあっても、古き良き時代の「任俠道」の価値観を体現する者なのです。

（以降、七人の暴力団経験者の話を紹介する際、一部、記述に重複がありますが、話をわかりやすくするためなのでご承知おきください）

第一章　家庭は彼らに何をしたのか

人生を決める家庭の質

人の人生は、一本の縒り合わされたロープに例えられると思います。その始点は、家庭にあります。人生というロープの太さ、長さ、密度といったクオリティは、家庭の質によって決まると言っても過言ではありません。

筆者が、暴力団加入研究に従事していた時、最初の指導教授にこの話をしたら、「君は運命論者かね」と一笑されました。しかし、研究を続けるうち、この考えは、ますます現実味を持ってきました。今でも、筆者は、人生を左右する最大の要因は、家庭という社会の質であるという主張を変えていません。

宮崎学は、『暴力団追放を疑え』（筑摩書房　二〇一一年）で、次のように述べています。

「ヤクザに限った話ではないが、人はそれぞれ背負っているものがある。なかには個人では負いかねる背景だってある」

人は、コウノトリに賄賂をやって理想的な家庭に生を受けることはできませんから、生まれる子どもは親を、家庭を選べないのです。何を負って生まれてきたとしても……たとえ、その父親が、一〇〇人以上を殺害したとされるドナルド・ギャスキンズ（俗称：ピーウィー）や、三三人の子どもを殺害したジョン・ウェイン・ゲイシーのような大量殺人犯であったとしても、彼らの家庭に生まれてきた赤子に罪はありません。

家庭とは何か

「家庭は彼らに何をしたのか」という問題について触れるまえに、社会学では「家庭」をどう定義しているかについて簡単にご説明しておきます。

社会学では、家族によって構成される社会、すなわち「家庭」は、人間が最初に帰属する社会的集団であり、ここにおいて人間はまず社会の基礎的な文化を身に付け（内面化し）、それを土台として更に広い社会、つまり仲間集団、学校、地域社会、職場に参加していくとされます。すなわち、人間の発達と共に扇状に広がる社会化というプロセスにおいて、家庭はその扇の要に位置する重要な社会単位であるといえます。

そして、当然のことながら、精神的訓練や躾《しつけ》は、家庭の持つべき「社会化」の機能（人が社会規範への同調を習得する過程であり、社会の存続を可能にし、世代間の文化の伝達を可能にする過程をあらわすもの）であり、それを行うのは親の役目となるわけです。

躾とは、いわゆる「基本的な生活習慣指導」のことで、これによって子どもは、社会の規範を身に付けられるようになり、社会生活に適応できる行動型を習慣化できるようになります。子どもが社会に馴染んでいくこと（社会化）において、欠くことができないのは、躾がきちんと機能することです。

しかし、「社会」といっても単純にひとくくりにできるものではありません。その子どもにどのような社会のルールを教え込むかは、躾という教育の主体である親の帰属する社会の文化に左右されるといえます。

つまり、中流階級の家庭では、その中流階級の規範に則り、下層階級家庭では下層階級の規範に則り、家庭内のルールが決められていきます。そのルールを親や養育者が執行し、子どもに遵守させるわけです。この点をタルコット・パーソンズという社会学者は「社会化過程の中心点は子どもが自己の生れついた社会の文化を内在化(internalization)すること」であると述べています。「自己の生れついた社会」(＝親の所属する社会の文化)を、「内在化する」(＝身に付ける)ことが、育っていくうえで核となる、ということです(『家族――核家族と子どもの社会化』黎明書房　二〇〇一年)。

俗諺《ぞくげん》に、「子を見れば親が分かる」「子は親を映す鏡である」と、あります。この家庭における社会化の質が、直接的に子どもの躾などに影響を与えることは、我が国でも同様です。犯罪社会学者の四方寿雄は、下層階級で躾をされた子どもが、犯罪や非行的文化に親和的となる背景について、次のように述べています。

「下層階級の家庭の経済状況は不安定であり、その日暮らしであり、真面目に働いても獲得できる報酬は少ないので、常に金を稼ぐことにあくせくしている。彼らには芸術を鑑賞する感覚もなく、怒りや悲しみを直接的に言動に表出し、感情の表現が洗練されていない。そのような家庭で育った子どもは、親自身の教養が低く、自分の子どもを社会的に躾ていくのに自信がなく、場当たり的な矛盾した教育を行うか、あるいは全く放任している。その結果、子どもは社会的個人として十分な躾を受けることはない。彼らの日常行う行動は、中流階級の倫理価値からすれば、そのまま非行につながり、日常生活そのものが非行文化的な生活になっているのである。そして、家庭の躾が十分になされず、日常生活が不安定な下層階級の人たちは、犯罪（や非行）的文化に接触する機会が多く、犯罪（や非行）的文化に慣れてしまっていることが多いので、犯罪（や非行）に対する態度は寛容、容認的となっている」（「犯罪行動の特質」『犯罪社会学研究』6所収　一九八一年）。

筆者が対象とした暴力団加入経験者の家庭の大半は、下層階級家庭でした。彼らの話は、まさに四方の主張がそのまま当てはまるものだったのです。

家庭の機能不全

このように家庭における子どもの社会化に一定の問題がある家庭を、犯罪社会学においては「機能不全家庭」と定義します。四方の主張にもあるように、機能不全家庭で育った子どもは、より普通の社会、一般的な社会で肯定的な評価を得るため（たとえば、先生にほめられたり、学級で責任ある役割を任されたりすること）には、必然的に生まれながらにして社会的なハンデを負うこととなります。

暴力団に加入する子どもたちの家庭は、彼らを放置し、教育を与えず、芸術を鑑賞する機会を与えず、場当たり的な躾を行う社会であるといえます。こうしてみると、家庭が子どもに「した」ことより、「しなかった」ことの方が多いかもしれません。

筆者の調査によると、暴力団加入経験者には、「単親家庭」（離婚などに起因する一人親家庭）、共働き家庭や長期出稼ぎ（出張）家庭のように機能的観点からみた「擬似単親家庭」、家庭内暴力が絶えない「葛藤家庭」、学童期に門限がないなど親が躾や勉強の面倒を見ない「放置家庭」、親と子の会話が極めて少ない「意思疎通上の機能不全家庭」等々の出身が多いことが分かりました。これらは具体的に以下で示す通りですが、いずれもこれらの要素がひとつではなく、複数指摘される家庭の出身者が多く見られました。

彼らは、皆、少年時代の早い段階からグレていた者たちです。

ちなみに、グレるという言葉の由来には、諸説あるようですが、『日本国語大辞典』（小学館）には次のような説明も紹介されています。

「ハマグリ（蛤）を逆にしたグリハマという語をグレハマと訛り、それが動詞化されたもの。ハマグリは対でない他の貝と合わせると、食い違うところから」

他に、「まぐれる（紛れる）＝迷う」から転じたものという説もあります。

機能不全家庭において社会化された子どもがグレるのはどうしてでしょうか。筆者の見解では、機能不全家庭において社会化された子どもは、家庭に対する不満を募らせます。学校でも、先生に褒められませんから、更に不満を募らせます。

もっとも、幼児や児童期には大した力もありませんから、さほど大きな問題は引き起こしません。幼児から児童期にかけては、グレるという症状が表出するための潜伏期であるといえます。しかし、こうしてみると、暴力団への加入は、「親が望む子の姿から（あてが）外れた」結果というよりは、「子が望む親の姿から（あてが）外れた」結果といえるかもしれません。

暴力団加入経験者の家庭事情

筆者が調査した暴力団加入経験者の家庭状況を具体的に見てみます。

まず、養育者の最終学歴を見ると、七名の調査対象者の内、二人を除いては、両親ともに義務教育修了程度の学歴でした。到底、彼らが自らの子供に対して「支配的な中流階級文化に入るために必要な技量」（この技量には、勉強などのスキルに留まらず、良き人格といった倫理・道徳規範の投影、箸の上げ下げなどといったマナーの教示なども含む）の指導を熱心に行えなかったということも頷けます。

また、両親の内、両方、またはいずれかが大学卒である二名に関しても、彼らの家庭は共働きか父親が単身赴任している家庭でした。つまり、擬似単親家庭と見なせます。さらに、いずれも、親から勉強を教えてもらったことがないと回答しています。

したがって、七名全ての家庭において、親子間の日常的な接触がなされておらず、十分な社会化が期待できないために機能的な障害が生じていたことが窺えます。

「支配的な中流階級文化に入るために必要な技量」が暴力団加入経験者の家庭において教示されていたか否か、彼らの生育家庭における躾や教育の程度を知る意図をもって、筆者は、①「家庭内にルールがありましたか」、②「家庭内で礼儀作法などの指導がありましたか」、③「父母のいずれかが勉強を教えましたか」、という質問をしてみました。

その結果、①、②に関しては四名の者が父母から、あるいは両親のいずれかによって、躾が行われていたと答えました。しかしながら、具体的に家庭内のルールを尋ねたところ、いわゆる普通の家庭とはかなり異なるものであることがわかりました。

「ベルトで叩かれた」

「一度、酷く怒られて針金で納屋に吊るされた」

「悪いことしたら（理由も聞かされずに）仏壇の前に座らされた」

これらはいずれも躾というよりは懲罰であり、躾の目的ではなく手段といえるものです。そのため彼らはその懲罰の原因を明瞭に述べることはできず、単なるエピソードとして記憶している程度でした。

次に、③に対しては、全員が「両親とも教えてくれなかった」と回答しました。加えて、家庭環境について④「放任（放置）家庭と思いますか」、⑤「門限は定められていましたか」という質問をしたところ、④について「思わない」と回答したのは一名のみ。⑤の門限については回答者の全てが「ない」と答えました。ここに筆者は問題を感じます。
④について「思わない」と答えた人についても、鵜呑みにはできないでしょう。門限がないという時点で、普通は「放任家庭」だと解釈されます。しかし、回答者は嘘をついているわけでも、見栄を張っているわけでもありません。単に「放置」ということについての感覚が一般と異なるだけです。

放任家庭の実態

放任家庭とはどのような環境でしょうか。回答者からは次のようなエピソードが語られました。

・中学時代シンナーを吸引するため近所の友人とたむろし、帰宅時間が深夜零時を過ぎても注意されることがなかった
・中学時代にシンナー吸引に明け暮れ、帰宅することなく友人宅を泊まり歩き、空腹は万引きした食品により満たしていた、という子どもに対し何ら指導を与えなかった
・祖父によって養育され、日に三〇〇円を与えられるだけで、家庭に食事の用意がされていなかったため、カツアゲや万引きにより飢えを満たしていた

これらは一般的な中流階級の基準に照らしたならば明らかに放置傾向が顕著な家庭と呼べるでしょう。筆者の調査において得られた家庭環境、家庭の社会化のデータに基づき、暴力団加入経験者の家庭状況は、一般的、平均的な中流階級の家庭と比べて到底正常とはいえません。そして、この家庭の機能不全は最大の問題であり、次章以下「学校

は彼らに何をしたのか」「仲間は彼らに何をしたのか」の章で指摘される「不適切な社会化」を引き起こす要因になっているのです。

ここまでに見た、非行少年たちは、社会心理学者の安倍淳吉の分類によれば、「非行深度第一段階」にあります（『犯罪の社会心理学』新曜社　一九七八年）。

非行深度第一段階における子どもの社会化に関係する領域は、家庭のほか、居住する近隣社会、学校も含まれます。一般には幼児期・少年期にあたる時期とされています。

この段階では、子どもの活動領域の規模や範囲は限られており、所属するグループの行動を直接見ることが可能なため、非行の発見やコントロールも容易です。

具体的な非行内容は、家庭内暴力や家財の持ち出し、近隣商店での万引き、自転車泥棒、占有離脱物横領、いじめ、学校内の窃盗、下級生への恐喝、校内暴力等。

以下では、実際に暴力団加入経験者が、どのような家庭で、どのような少年時代を送ったか、具体的なケースを紹介します。

七人の少年時代を聞く

●Iさん（元暴力団幹部・組長のボディガード）

Iさんの実家は大阪市内で自営業を営んでいました。両親（義務教育卒）はいずれも実の親であり、敬虔なクリスチャンであったそうです。事業は父親が忙しく動き回り、Iさんは小学校時代を回想して、帰宅時には「だいたいオカンがおったわ」と言います。Iさんと両親との会話は「ふつう」であり、特に家庭内暴力の存在は見いだせません。両親が、基本的な躾や勉強の面倒を見ていたかと問うと、その点に関しては関心が薄かったようです。

——門限はありましたか？

「小学校……中学の最初位はオカンが煩わしかった思うが、そん頃（中学生）はなかったな。夜店行くんが楽しゅうてしょうがなかったわ。門限は無いな……うん、中学校の頃にも（夜の）一一、一二時には帰れよ言うんが親父の口癖やった」

中学校時代から深夜徘徊を両親が黙認していたようです。

——両親から勉強を教わったことは？

「それは無いわ、どっちも」

ただ、そうはいっても、「メシは用意してあったし、そうした意味では放任思わんな」と言い、両親に放置されているという意識はなかったそうです。

●Jさん（元暴力団組員）

Jさんの両親（義務教育卒）は、大阪市内で自営業を営んでいました。Jさんは小学生時代を回想して、家庭に放置があったと認めています。

「おれん方は自由主義やさかい放任やで。（両親は）しゃから、どっちも（わしに）構わんかったで」

「門限もないない」

さらに、食事に関してこんな話をしてくれました。

「小学校の頃には、三軒隣の家に上がり込んで冷蔵庫かき回しよった」

「おれん方は自営やからな、（食事なんか）適当や。まあ、ダチが出してくれたり、スーパーの一便ねらうわけや……たまに、食パンしか無い時あんねん。どないせい言うんかいな。まあ、当時はそういうこともあったかな。しゃから、好きなだけ遊べんのや」

家庭ではまともな食事の用意がされていなかったのです。

――家庭内で葛藤はありましたか？

「何や、夫婦喧嘩か。しょっちゅうや……血を見るには至らなかった」

――家庭における基本的な生活習慣指導は？

「悪さしたら仏壇の前に正座や」

その際、罰を与える根拠や理由は特に教わった記憶はないようです。

「まだ小まいやないけ、逆らえへん。理由なんかわかるかいな。口応えも言われへんで……中学なったら、何も言わんかったな。褒められることせえへんし、悪さしかせんもんな」

ここからは幼いころから、親が気まぐれで懲罰していた可能性が窺えます。

――両親から勉強を教わったことは？

「（勉強教えたくても）親も分からんやろ。（だから）塾行きまくりや」

Jさんは当時を回想して、家族に対する不満を次のように表現しました。

「親父には構うて欲しかったな……そうやなあ、いつも家におらんかった」

――なぜ父親が不在だったのですか？

「仕事もやけど、芸能人の追っかけが激しかった（苦笑交じりに）」

●Kさん（元暴力団幹部）

Kさんは京都市内の生まれです。両親（義務教育卒）は健在で、父親は戦中、舞鶴海軍工廠に勤め、戦後は映画会社に勤めるサラリーマン、母親は専業主婦であり、家庭菜園などを営んでいたそうです。

Kさんは小学校時代を回想し、それが暗黒の時代であったと言います。

「（不満は）暴力や。暴力。ホンマいっつも思いよった。こんな家居りたないてな」

「オヤジが酒飲みでなぎょうさん酒代に消えよったんや」

このように家庭への不満を露わにしました。

――両親との関係はどうでしたか？

「（両親から）そんな構ってもろうてないな」

「（会話は）オカンとはな。オヤジとはせえへんかったな」

――家庭内の葛藤は？

「夫婦喧嘩言うよりあらあ虐待や。それがわしがヤクザなろう思うた原因の一つやな。メシん時、膳はひっくり返す。オカンを殴る。わしが家出したんは、日本刀抜いたオヤジに追いかけられたからや……中二位やった思うがな、なしてそうなったんやろか……よう分からんな。兎も角や、ヤクザなってこのクソオヤジ見返したろう思うたんは確かや」

――家庭における基本的な生活習慣指導や勉強の指導は？

「（躾は）そうやなあ。そうそう、『テレビ見てメシ食うな』か……それ位かな……それかて、別にわしの為いうよりは、自分が早う片付けたいからや思うわ」

「勉強、指導なんかないな」

当時の家庭を想起する質問には、普段饒舌なKさんも口が重たかったように感じました。

●Lさん（元暴力団組員）

Lさんは神戸市内の生まれです。自宅は持家であり、両親は揃っていたものの、父親（大学卒）はサラリーマンで長期単身赴任、母親（最終学歴不明）は専業主婦でした。

Lさんの小学校から中学時代は、その語り口から、家庭生活は生彩を欠く単調なものであった印象を受けます。質疑においても、他の調査協力者とは異なり、どちらかというと他人事のように感情がこもらないものでした。

Lさんの家庭に放置傾向は見て取れました。門限は無く、家族との対話もあまりなかったようです。

「オヤジは長期単身赴任でしたから。中高の頃はめったに（オヤジを）見んでしたからね」

――家庭内の葛藤は？

「あまり記憶にない」

――家庭における基本的な生活習慣指導や勉強の指導は？

「（母親は）全然厳しくない」

「（勉強は、母親が指導したことはなく）中一まで塾に通わされた」

●Mさん（元暴力団幹部）

Mさんは東京都内の生まれです。両親（大卒）は共働きでサラリーマンでした。Mさんいわく、生育家庭を中流水準と評します。

――家庭内の放任傾向については？

「放任……うーん、理解があったと言うほうが適切だな。でもね、私は『いい子ぶって、性質の悪い本当の悪』だったからね。両親の前ではいい子、近所の人にも挨拶する。

でも先公クソくらえってんの。そして、やってることは最悪。そんな感じ」

「小学校はそうでもないけど、中学になると門限なんかも無かったからね。放任と言えばそうかもね」

ただし、「普通に会話する分には」家庭内の会話があったと回想します。

――家庭内の葛藤は？

「うーん、人並みじゃない。そんなに問題になんないよ」

――家庭における基本的な生活習慣指導や勉強の指導については？

「（躾は）うん、そんなに難しいことじゃあなく、当たり前のことだったけどね。一応あったかな。『食事を残すな』とかね」

――両親に勉強を教わった経験は？

「いいや、教えてもらったことはないね」

子ども時代に抱いた家庭への不満は、「小さいことを言うときりが無いね。一番は父親が家に居ないことかな」と述べ、最大の不満要因に、父親の不在を挙げました。

●Nさん（元暴力団幹部）

Nさんは京都市内の被差別部落の出身です。幼少時に父母（父は義務教育卒、母は不明）は健在でしたが、幼少時より母親が結核のため長期入院で家に居らず、父親は大阪に通勤していたため、ほとんど顔を合わせることがなかったといいます。したがって、実質的にNさんの面倒をみたのは、祖父とその妹であったそうです。

「わしん家、むちゃくちゃや、母親がわしが餓鬼の頃から結核かかってな、病院に入れられとった。今は結核言うたら風邪みたいなもんやがな、あん頃は病院に入る言うたら近所の者が手を合わせよった。まず治らん死病や……でな、親父は大阪まで仕事に出ておったから、朝早い、夜遅い、話も何もないんや。まあ、今のあんたの質問で分かってきたがな、ヤクザになるんは家庭と友人、そして地域に問題があるねん」

――家庭内の放置傾向は？

「わし、ほったらかされとったがな、金だけは貰いよった……そうやな、一日三〇〇円位か、今やったら一〇〇〇円くらいの価値かな」

「（家庭は）健全やないな。第一、家に親居らんからメシがないんや」

――門限は？

「ない」

――家庭における基本的な生活習慣指導や勉強の指導については？

「一回もないな」

家庭内における、それらの軽視を強調しました。子ども時代に抱いた家庭への不満について問うと、

「そうやな、（家庭の）不満か……一番つらかったんは遠足の弁当や、人の弁当見てみい、赤やら黄やら鮮やかや……ところが、わしときたら、風呂敷の中は日の丸弁当に缶詰や、あれはかなわんかった」

親の愛情については、遠足の弁当の質を一つの尺度として計っていたようです。

●Oさん（元暴力団幹部）

Oさんは姫路市生まれです。両親は揃っていたものの、造園業を営んでいた父親（義務教育卒）が妾宅住まいで家に帰らず、実質は母親（義務教育卒）と妹との三人暮らしでした。

「（親父の女癖の悪さは）わしが小学校の頃からや。わしがな小学校三年、九歳の時や……母親が家出しよった。いや、理由があっての家出や……『自分が居らんようなった

ら、親父も帰って来るやろう』考えたんやな。ところが、帰らへん。そこで一一歳上の兄が『予科練』から帰って来て、わしと妹の面倒見たんや」

――家庭の放任傾向について。

「放任も放任や……門限もない」

「門限は……ない。ただ、たまに『焚《た》き物《もの》（薪）』を取りに行かされたわ」

家にいる母親との会話は「大きくなるにつれてほとんど無い」ということでした。

――家庭内の葛藤に関しては？

「（夫婦喧嘩は激しく）出刃（包丁）持ってしよったわ」

――家庭における基本的な生活習慣指導や勉強の指導については？

「（躾は）オヤジが家におる頃はな、オヤジや。ベルトで折檻しよってな、その頃はわし、オヤジは怖いものやと思いよった」

父親には、「敷居を踏んで立った」ことや「口のきき方」などで折檻されたと回想します。なお、勉強の指導などはなく、Oさんは「中学校から働き」家計を支えたといいます。

家庭に対する不満というと「父親が（妾宅から）帰らないことや」と、繰り返し口にしました。

現在の少年非行の現場から

「目立つ親の放任、暴力」「小学で万引・窃盗78％」「補導100回以上の子も」

これは新聞の見出しです。というと、高度成長期時代のスクラップ記事のように思うかもしれませんが、実はつい最近のもので、二〇一四年九月三日と八日付の『琉球新報』からのものです。

ソースは、沖縄少年院を二〇一三年度に仮退院した四六人の成育環境を調査分析した結果です。記事によれば、少年のうち、六五・二％が保護者からの「ネグレクト（養育放棄）」と「放任」、三四・八％が「暴力・暴言」を受け、全員が極めて厳しい環境で育ってきたことが明らかになったとあります。さらに、約六割の家庭が貧困状態にあり、小学校時代に非行を始めた少年が約八割に上るなど、非行の低年齢化や不良集団とのつながりの深さも浮き彫りになった、とあります。

子どもの家庭環境がいかに大切かということは、二〇一五年に起きた川崎中一殺害事件を見ても明白です。この場合も、加害少年の両親の証言から、門限を破り嘘をついたことなどを理由に、父親から激しい暴力を伴う「しつけ」を受けていたことや「こうしろと一方的に接した」こと、外国出身の母親が日本語が不自由なことなど、両親との関わりが希薄だった成育環境が明らかになった、と報じられていました（毎日新聞、横浜・川崎版　二〇一六年二月五日付）。さらに続報として、横浜地裁が実施した情状鑑定を実施した臨床心理士が公判で述べた見解が掲載されていました。臨床心理士の分析から「母親に助けられた経験がない成育歴」などが影響した点、「家庭に居場所がな」く、「（外国語を多用する）母親に何を言っても現状を変えられない無力感から成り行き任せの性格が形成された」という放置された成育歴が浮かび上がります（同二〇一六年三月五日付）。

暴力団研究の第一人者である元科学警察研究所防犯少年部長の星野周弘は、家族の放置や貧困といった現象のことを「家庭内の病理現象」と捉え、次のような指摘をしています（『社会病理学概論』学文社　一九九九年）。

まず、核家族化が進むと、家庭内に生産力のある人が少なくなる。そのため世帯の経済的負担や構成員の家事の負担が増す。祖父母のような人生経験が豊かな人がおらず、母親が孤立することで育児ノイローゼを誘発しやすくなる。さらに少子化ゆえの過保護が発生することが多く、子どものしつけの怠慢を生みやすくなる。また、単親家庭では貧困やしつけの不足、お手本となるきょうだいや大人（役割モデル）の欠如が生む社会化不全、愛情飢餓といった問題が生じやすい——これが星野の主張です。

核家族の場合、親の一人が仕事や病気などの事情で家庭から長期間いなくなると、単親と子供だけの家族になってしまいますが、そうなるとさまざまな問題が生じやすい、というわけです。

関東連合元リーダーの告白

このような見方には反発もあることでしょう。「シングルマザーへの偏見だ。立派に子供を育てているシングルマザーに失礼だ」と。

誤解なきように申し上げておきますが、筆者も、必ずしも単親家庭で生育した子どもが、非行にはしり、グレ続けるなどという主張をするつもりはありません。筆者の知人の中にも、単親家庭でグレなかった者もいます。

ただ、学問的に見た場合には、そうした傾向があるということは指摘したいと思いますし、できれば、親となった方たちは、シングルマザー（またはファーザー）家庭を作らないようにして欲しいとも思うのです。

危険なのは、安易にシングルマザーの擁護や賛美をすることは、かえって彼女たちへの支援を緩めることにつながりかねないということです。シングルマザーでも問題ないのならば、支援の必要なんて無いじゃないか、というリクツを補強しかねません。だから、政治的に正しくない表現かもしれませんが、「できるだけ健全な家庭で、子どもを育てて頂きたい」という願いがあります。

子どもがグレるリスクを高めるような環境は、できるだけ無くすべきです。

「半グレ集団」とも呼ばれる反社会的勢力の一つとされる関東連合の元リーダー、石元太一は、自著『不良録――関東連合元リーダーの告白』（双葉社　二〇一二年）のなかで、生い立ちについてこのように述懐しています。

「父の仕事がよくわからなかったことには理由がある。父とはほとんど一緒に暮らした経験がないからだ……オレが生まれると同時に、父は世田谷区の烏山に一軒家を買ってくれた。物心ついた頃には、すでに2人の姉と母とオレの4人で別居生活がはじまっていた。『父ちゃんは、家にいないものなのだ』という日常が当たり前だった」

男らしさの問題

こうした母子家庭の子どもが直面する「男らしさ」の問題については、パーソンズ（前出）やウォルター・ミラーが指摘しています。

幼い子どもはあまり「男らしさ」「女らしさ」に強いこだわりを持ちません。ある程度の年齢まで、男の子が女の子とおままごとをすることに抵抗がないのはそのためです。しかし、発達するにつれて、それぞれが「男らしさ」「女らしさ」を求めるようになります。

多くの男の子にとって、「男らしくある」ことは重要な課題となり、彼らは「タフであること」を求めるようになります。

ここで家庭に父親がいれば、彼らがそのモデル役を担うことができるのですが、母子家庭の場合、子どもは外部にそれを求めることになります。そして下層階級の男の子にとって、そのモデルは、非行集団にいる「先輩」たちとなるのです。

なぜそうなるのか、パーソンズの説を参考にしてみましょう。幼少時の段階では、少年は女性と同一化しようとする傾向すら見られます。母親が、最も身近な大人であり、重要な役割モデルだからです。

しかし、彼は成長して大人の女性になる運命にはないことを知ります。さらに、彼はすぐに、この社会では女性は往々にして男性より劣ったものと見なされるという極めて重要な点を発見します。

そのため、少年たちは女性のように成長することは恥ずべきことと感じるようになるのです。この時期の少年は、フロイトが言うところの潜在的期間から抜け出し、彼らの行動傾向は、一種の「やむにやまれぬ男らしさ」とでも言うべき傾向を持つようになります。意気地なしになることは、彼にとって屈辱の最たるものです。

じきに彼らは、運動能力、身体的に優れた能力に関心を持つようになります。これもまた男性が根本的に女性に勝るものという考えに基づくものです。

さらに彼らは、虚弱な表現にアレルギーを示します。自分はタフでなくてはならないと考えるようになります。

このような万人に通じるパターンは、リアクション・フォーメイション（反動形成）とされます。「女性らしさ」への反発が、彼らが「男らしさ」を過剰に求める理由なのです。

少子化の進む現在、子どもは、わが国の未来を担う「金の卵」です。集団就職の時代の「金の卵」が18金なら、現代の「金の卵」は24金の価値を持つと筆者は思います。家庭だけではなく、地域社会、日本社会全体で、もっと精緻な教育、厳密な対応が望まれます。さらに、暴力団問題を真剣に考えるためには、我々大人が、子どもに対する健全な社会の在り方について、議論を深める必要があるのではないでしょうか。

コラム――あるヤクザの回想

この元ヤクザとは、二〇一四年に関西で出会いました。一九七〇年生まれで筆者と同級生。身長は一七〇センチを少し超えるくらいで、ガッチリとした体格の持ち主です。風貌で印象的な点は、鬼のような刺青の眉毛です。幅が通常の倍はあります。『北斗の拳』のケンシロウも真っ青です。ヤクザとして生きているときは、非常に有効な眉毛であったと思いますが、カタギの中で生活する彼は、いつもソフト帽を目深にかぶっていました。指も数本が欠損していますから、バルタン星人のようでした。

彼のことを書くのに、筆者はメモを見るまでもありません。あまりにも壮絶な、極彩色に塗りあげられた彼の人生は、一度聞くと、忘れることができないものだったのです。その概要を、彼の言葉でご紹介しましょう。


おれの家は、オヤジが指名手配犯やったんですわ。せやから、あちこち逃げ回る生活でしたんや。おれが小学校に上がる前の年に関東で死にまして、オカンはおれを連れて、郷里に帰ってきたんです。そんとき、オカンの腹には妹がいてましたんや。

帰郷して直ぐに、オヤジの友人いうんがなんや世話焼く言うて、家に出入りし、そんうちにオカンと内縁関係になりよりました。おれとしてはどうということは無かったんですが、ある事件——言うてもしょうもないことですわ——をきっかけに、虐待が始まったとですわ。

あるとき、まあ、おれが小学校一年位やった思います。そのオッちゃんから「おまえ、そないにアイスばっか食いよったら腹下すで」と言われたんで、「関係ないわ」というような返事しよったん覚えています。

そん時から、まあ、殴る、蹴るの虐待の毎日ですわ。こっちは子どもですやん、手向かいできんかったですわ。それからですよ、路上出たんは。

まあ、小学校低学年ですやろ、公園のオッちゃんらのタンタン（焚き火）当たりたいですが、怖いやないですか。で、あるとき、気づいたんですわ。こん人らが飲みよる酒（ワンカップ）持っていったら仲間に入れてもらえんちゃうかとね。子どもの手は、自販機に入りますから、相当抜いて持っていきましたわ。案の定、喜びはって「若！ 大将！」とか呼ばれて仲間になってましたわ。

小学校三年位に、おれみたいな仲間とスリ団つくって、電車専門のスリやりよりました。腹減ったら、デパ地下の試食くいまくりです。そないなことばっかしてますと、何度もポリの厄介になるわけですわ。小学生で、新聞にも載った位ワルさしましてん。子どもの頃は、アオカン（野宿）か児相（児童相談所）、教会の養護施設のどれかに居ったような気がします。

そないな生活のなか、初めて遊園地や動物園に連れて行ってくれたんは、近所のアニキでした。この人は、筋金入りの不良やってましたんやが、おれら子どもには優しかったんですわ。アニキに連れて行ってもらった動物園、生まれて初めて見るトラやキリン……今でも鮮明に覚えてますわ。いい時間やった。

おれもこのアニキのようになっちゃる思うて、不良続けよったある日、まあ、いつものように年少（少年院）から出て、妹の通う小学校に行ったんですわ。すると、担任が「おまえの妹はここに居らんで」言うて、児相に行け言うとですわ。

「はて、おれのようなワルとは違って、妹は大人しいんやがな」

不審に思いましたよ。で、児相に行って、「おい、兄ちゃんや、帰ったで」言うても、妹はカーテンの陰に隠れよるんですわ。「なんやねん、お前」言うて、カーテンめくったら、ショックで言葉なかったですね。小学校五年生の妹の腹が大きいやないですか。「なんや、おまえ、どないしたんや」と問い詰めますと、妹は、泣きながら「聞かんといて」言うてました。聞かんわけにいきませんがな、とうとう口割らせましてん。まあ、あの時が、最初に人に殺意抱いた瞬間やったですわ。おれを虐待したオッちゃんにやられた言いよりますねん。

もう、アタマの中、真っ白ですわ。出刃持って家に帰りましたら、ケツまくって逃げた後やったです。あの時、もし、そのオッちゃんが家に居ったら、間違いなく殺人がおれの前歴に刻まれとった思います。

ヤクザになったんは、それから数年してからです。動物園とかに連れて行ってくれたアニキと、久々に街で会いまして、「おまえ、どないしてんのや」言うんで、「まあ、不良やっとります」言うたんです。そしたら「そうか、ブラブラしとんのやったら、おれんとこ来い」と言うてくれました。

それからですわ、ヤクザなったの。「よし、おれはアニキだけ見て生きてゆこう。アニキ立てるんがおれの仕事や」と、決心しましてん。アニキと看護婦の嫁さん、それとおれの三人での生活がはじまったんです。

実を言うと、筆者は、彼とは決していい別れ方をしていません。彼とその内縁の妻から、金銭的損害を被ったからです。最後に会ったとき、彼は、覚せい剤でフラフラでしたが、私をハグして「先生、すんません……ありがとう」と、一言発しました。筆者も、流れる涙を止めることができませんでした。

この身の上話が、脳裏によぎり、彼ら夫婦が、これから直面するであろう世間の逆風や荒波を思うと、「たかが数万円くらい、どうということはない、ささやかな餞別や」と、思ったものです。怒りや失望は、ありませんでした。恐怖もありませんでした。そこにあるのは、彼がカタギになると決心するに至った、彼の娘の子どもである孫と、家族で仲良く平和に暮らして欲しいという願いだけでした。

第二章　学校は彼らに何をしたのか

彼らは学校不適応者か

暴力団に関する先行研究において、暴力団加入者の特徴の一つとして指摘されるものに、学校社会に対する不適応の問題があります。前章でも紹介した元科学警察研究所防犯少年部長の星野周弘もこの点を強調しています。暴力団に加入する青少年の学校とのかかわりについて次の三点を特徴として挙げています（『社会病理学概論』）。

①教育歴が短く、義務教育修了者か高校中退者が多い

②学業成績が不振であり、怠学歴も顕著で、教育的アチーブメントの水準（学歴）が極めて低い

③学校内に親しい友人がなく、学校生活への全体的な不適応が認められる

このうち、②については、筆者の研究とも合致します。多くの暴力団加入者は成績不良、つまり「勉強ができない子」でした。

しかし、③については違和感があります。彼らが学校不適応というのは本当でしょうか。筆者がインタビューした暴力団加入者は、過半数の人が、中学校時代の学校生活を回想して楽しかったと言っています。どうも納得できません。

筆者の考えでは、学校不適応生徒というと、そもそも学校に行かず、家に引きこもって大好きなお菓子を片手にゲーム機をいじっているようなイメージがあります。もし、そうであるとすれば、そうした人たちが青年になって、いきなり非行少年デビューして悪さをしたり、暴力団という社会で〝活躍〟できるものだろうか――。これは、筆者が暴力団研究に際して、先行研究を紐解く作業中に、素朴に生じた疑問です。

そこで、この章では、暴力団経験者が、いかなる意味で学校社会に不適応な者であったのか、学校社会は彼らに何をしたのか、という点について検討することにします。なお、ここで見る学校は、主に中学校をイメージしてください。

学校と中流階級のモノサシ

言うまでもありませんが、現代の社会において、学校は、子どもが適切に社会に適応できる、社会の一員となるための事前準備的な機能を与えられた存在です。教師はここでは社会の代表者として、その国における支配的な価値観を子どもたちに教育、指導します。アメリカの社会学者であるアルバート・コーエンは、この価値観のことを端的に「中流階級のモノサシ（middle class measuring rods）」と呼びました。そして、家庭において適切に社会化されていない下層階級の少年は、この価値基準からふるい落とされるから、生まれつき教育的な機会を欠く彼らは、その低い地位ゆえに地位的な欲求不満を生じ、反動を形成し、非行行為に従事すると説明したのです。これは前章で見た通りです。

このコーエンのいう中流階級のモノサシの概念は、わが国の初等・中等教育の現場においては主として学業成績と内申書における評価に見出されます。したがって、学業成績が悪く、普段の素行に問題がある者は、「落ちこぼれ」という低い評価を甘受しなくてはなりません。もちろん、この評価を行う人は、学校の教師です。

確かに、このモノサシを暴力団経験者に照らすと、その多くは彼らが教師からプラスの評価を得て、学校に適応する者であったとはいえないようです。

しかしながら、暴力団経験者の学校内の地位や役割に目を転じると、彼らのいずれにも不登校などの否定的な傾向が見出せないのです。さらには、彼らの多くが学級内の対人関係に積極的であり、それどころかクラスの中で一定の役割期待（その人の役割に基づいて期待される行動の形態）が生じていたことがわかります。

先行研究で指摘されている暴力団構成員の学校不適応という特徴は、学校内の評価者としての教師から肯定的評価が得られない、あるいは学業成績が悪い、教育的アチーブメントの水準が低いという点においては妥当でしょう。しかし、暴力団経験者が学校という社会を否定的に捉え、学校が面白くなく、その社会では負の評価しか得られなかった結果、不登校傾向にあるというような消極的な社会的負因は見出せないのです。

学校の中にある二つのモノサシ

筆者が聞き取りをした中では、家庭の事情からほとんど学校に行けなかったOさん以外の暴力団経験者の全てに不登校の傾向は見出せませんでした。それどころか、彼らの多くが学校生活は楽しかった、と回想しています。さらには、彼らの多くがクラスの中で一定の高い地位を有していた、と言いました。また、クラスメイトも必ずしも彼らに対して冷淡でも敵対的でもなく、一定の役割を期待していたことがわかっています。

こうしたことを考えると、必然的に一つの疑問が生じます。学校には中流階級のモノサシ以外の評価基準があるのではないか。

中流階級のモノサシを教師によるフォーマルな（公式の）評価と見たときに、それに対抗する価値観としての生徒を評価主体とするインフォーマルな（非公式の）モノサシの存在が考えられます。

この点については、「成績や先生の評価はクラス内の地位を左右するか」という問いに対して、暴力団経験者は当時を回想し、いずれも「しない」と回答していることから想定されるものです。

この学校内に存在する生徒によるインフォーマルなモノサシに関して、矢島正見が研究をしています（『少年非行文化論』学文社　一九九六年）。矢島は学校内のインフォーマルな文化を「生徒文化」と呼びました。そして、その文化においては「問題少年群のみならず、『まじめな少年・少女』に対しても排除する意識」が存在している点を指摘しています。つまり、不良だけではなく、まじめな子にも否定的な評価が存在する、ということです。

これは皆さんにも覚えがあるのではないでしょうか。あまりにまじめな優等生に対しては「ガリ勉」といった評価が下されます。これは生徒間では決してプラス評価ではありません。矢島は、こうしたマイナスのレッテル貼りについて、

「常に一方が他方にそれを貼るのではなく、相互的に、現実の力関係の上に成り立って貼られています。そして、この相互的ラベリングにおける生徒間の力関係は、教師文化だけでは出てきません。それは学校内に存在するオモテ（もしくはタテマエ）の文化とは別のサブカルチャー、つまり、生徒文化から理解し得るものです」

と述べています。この矢島の見解では、学校内には、フォーマルな学校文化に対して、反学校、あるいは非学校の文化を内包する生徒文化が存在すると見ているのです。

こうした知見は、筆者の調査結果と一致しています。前述の通り、彼らはクラスメイトに一定の役割を期待されていました。その役割期待に添う行動をとることで、学校内の生徒文化の中で、一定の高い地位を確立していたと見ることができるのです。たとえば、「先輩とかから呼び出されたヤツの話を付けてやったりした」ことや、「クラスにお

けるまとめ役」であったことが、役割期待に添った行為だといえるでしょう。こうした姿は、フィクションの世界でもお馴染みです。『ビー・バップ・ハイスクール』や『ろくでなしＢＬＵＥＳ』といった人気の不良漫画の主人公たちは、普段はあまり関係を持たない優等生のためにさえ、時に一肌脱ぐことがあります。他校の不良に脅かされている、といった場合には「ウチの者になにをするんだ」と言って、トラブルシューティングをしてくれるのです。こうした不良少年について、クラスメイトは頼もしい存在として見ています。

つまり、生徒文化というインフォーマルなサブカルチャーは、少年時代の暴力団経験者を、彼らの価値基準に照らした上で（モノサシで計った上で）肯定的に評価し、学校内で一定の地位を与える装置であるといえます。したがって、暴力団経験者が学校不適応者であったか否かを検討する際、矢島のいうフォーマルな教師文化の視点に立つか、インフォーマルな生徒文化の視点に立つかによって、その結果は異なったものとなるであろう点は注意を要する問題です。

筆者の調査では、暴力団経験者の多くが、この学校における生徒文化に適応し、そこで肯定的な評価を受け、高い地位を得ていたことになります。そうであるなら、この生徒文化が内包するサブカルチャーには、非行性を帯びた要素も存在することは否めないわけです。

彼らの「不良に対する憧れがあったわ……ガッコで上にならんと面白うないやん」、「不良が（女子に）もてる」といった発言は、すなわち、その生徒文化において地位を確立する為の一要件としての「不良性」を示唆するデータといえます。

そして、その不良性は、中学校という地縁的な集団、学校を媒介として先輩から後輩へと伝わるものです。いわゆる「非行の継承」がなされ、「非行の連鎖」が形成される危険性を孕んでいるのです。

「先輩に金作れ言われよるんや。はじめん内はな、カツアゲやりよるんやがな、大体、中坊（中学生）は金持たんやろ、しゃあない、高校生狙うんや」

こう述懐したのはJさんです。

このような先輩非行集団と後輩との人間関係は、遊興費の徴収や暴走族などの非行集団のメンバー勧誘の装置となり得るものです。このように無理な命令をされるのは後輩としては楽しいことではないのですが、とはいえ、学校内の非行グループが「幅をきかせる」ことができるのは、この先輩非行集団のお陰でもあるといえます。すなわち、非行的サブカルチャーをバックにしながら、彼らはその先輩非行集団の存在に依存することができるからです。その意味において彼らの先輩と後輩というタテの関係は、互恵的とも見なすことができます。

生徒文化のモノサシの先にあるもの

問題は、彼らは家庭において放置され、基本的な生活習慣指導としての躾という歯止めがないがゆえに、この非行性を帯びたサブカルチャーの中心的メンバーとして、インフォーマルな社会に対してより親和性を帯び、ますますフォーマルな基準に適わない行動をとるようになることです。

なぜなら、非行少年に地位を与える生徒文化は永続的なものではないからです。クラスメイトの多くはやがて受験戦争の渦中に身をおき、高校に進学します（あるいは就職します）。不良性に価値を見出すクラスメイトは年齢と共に減っていくわけです。犯罪社会学で言うところの「暴力団少年と一般の少年との（可視的な）分節化」、要するに「グレる分かれ道」は、この中学時代に見出すことができるのです。

以上のことから、筆者は矢島による次のような主張を支持します。すなわち、問題少年だけが教師や「良い子」もしくは一般の生徒から一方的にマイナスのレッテルを貼られ、排除され、孤立している、という従来から言われている見解は誤りである、ということです。

学校において問題少年が一方的に孤立化しているといった、問題少年への一方的な（負の）ラベリング説は修正の必要があります。中学校内では、もっと流動的で多様なラベリングと排除が行われていると見るべきでしょう。

非行深度の第二段階

この中学校時代という学童期は、安倍淳吉のいう非行深度の第二段階といえます。前章で見た通り、第一段階の非行は、家財の持ち出しや万引き、自転車泥棒、学校・学級内窃盗など、児童期の狭い活動範囲内における単純な非行であり、非行の発見やコントロールも容易なものでした。

しかし、この第二段階では、親や教師の統制の及ばない学校生活、クラブ活動、近隣を越えた交友関係、盛り場などの「遊びの空間」が、子どもの社会化が行われる中心領域となります。こうした生活領域の拡大と多様化は非行を誘発させやすく、様々な誘惑のある場所が学校生活にうまく適応できない者、放課後に塾などの予定がない者、帰宅しても放置されている者などを容易に吸収します。また、高校に進学しない、あるいは無目的に高校に進学した者が高校を中退すると、生活や就職への切迫感がなく、フリーター的な生活から、遊び集団に吸収されていきます。

この遊び集団の非行には、深夜徘徊、万引き、カツアゲ（路上強盗）、オートバイ使用窃盗（盗んで乗りまわすこと）、暴走行為、シンナーや薬物の乱用、性非行等が挙げられます。こうした第二段階に特有の非行が、明確な違法性を意識しないままに、遊び的生活に伴って発生します。

この時期の非行において、特徴的なこととして挙げられるのが、「集団化」です。

彼らは学校の統制に反発し、無視しますが、その行動はプロ犯罪者のように自覚や展望を持ってなされるものではありません。その反抗行動は、常に揺れ動いており、集団化する理由として、仲間内でお互いを支え合うことが挙げられます。

この仲間は、加害者にも被害者にもなり、また、一種のお手本（役割モデル）となったり、行為を見守る観衆（たとえば暴力行為や暴走行為の見物客）になったりもします。つまり、仲間集団は「非行の社会化」や「非行の学習」において、重要な役割を持つといえます。この仲間集団は、組織性の高いプロ犯罪者の予備軍的集団（たとえば暴力団事務所に出入りする暴力団予備軍）、特定の場所に集まるメンバーの不明確な「ストリートコーナー」的な集団（暴走族やチーマー、カラギャン＝カラーギャング、少年院仲間など）など様々な形態を持ち、メンバーは、同一地域・同一学校を超えて構成されます。

第二段階の非行少年が、第一段階の非行少年をターゲットにするケースもあります。たとえば、非行集団内の下級生に命じて、家庭の金品を持ち出させたり、万引きを強要したりして、それを巻き上げるという手口です。これは実行が容易なうえ、被害が通報されないことが多いからです。

七人の学校生活

それでは、実際の暴力団加入経験者の学校観について見てみましょう。

●Iさん

——中学の先生との関係は？

「会話は普通やないかな、信頼していたかというと、さまざまや。真剣な者もおったし、義務的な者もおったから、一概には言えんな」

――先生のエコ贔屓はありましたか？

「それぞれの先生に贔屓の子がおったやろ、英語の教師とか、ようけ贔屓しよったわ」

（もちろんIさんは贔屓の対象にはなっていない）

――教師や警察官を信用できましたか？

「いい奴も居るんやろうが、そのときはアカンかったな。敵やから」

●Jさん

――中学校の先生との関係は？

「バッテン君（筆者のことを彼はこう呼ぶ）が考えとる以上に悪い……まあ、一人くらいはいいんが居ったかもしれんが、よう覚えとらんわ」

――信頼関係はありましたか？

「先公とかいな……信頼？　無いなあ。先公は弱いものいじめをしよる。こっちがなんも言えんとイチビって（調子に乗って偉そうにしている）ますますいじめよる。せやかてな、ある時、先輩が教室に、授業中にやで、やってきて『J、おまえ最近どないしよる』言うたんや。こんときな、普段イチビっとる先公がな、ビビって（恐れて）もうて何も言えへんねん。なんやこいつ思うたで、しゃから、おれ、しばらくして先公殴ったんや……せいせいしよった」

――中学生の頃、先生は尊敬できましたか？

「ないな、今も同じや……あいつら所詮サラリーマンやないけ」（吐き捨てるように）

●Kさん

――中学校の先生との関係は？

「わしらガキの時分から（不良の）レッテル貼られてきたんや……そんな大人のことが信用できるかいな」

「ポリ（警察）も先公も関係ないがな、（彼らの言うことが正しいとは）思わんかった思うで、当時な、全くの無視や無視」

●Lさん

――中学校の先生との関係は？

「ダメダメ（と手を振り払う仕草をして）。まあ、小学校の時の先生はまあまあです。中学は……いま考えても、あんなでいいんかな思いますよ」

「うーん、人によりますね。え、昔、そもそも聞いてなかったですよ。向こう（先生）も話してこないし」

通った中学校は新設校であり、先輩がいなかったと言います。先生との関係については無関心といったところが見て取れました。

●Mさん

――中学校の先生との関係は？

「学校は好きだったよ。でも、先生からしたら来てほしくなかったんじゃない。だってさ、言うことききかない、生意気でしょ」

「まあ、利害関係ある先生とは問題を起こしていないね……あまり知らない先生によっては、僕がいい人間と思っていた人もいると思うよ。でも、基本的には関係は良くなかったね」

「（関係は）良かないね、先生をナメてたからね」

——先生のエコ贔屓はありましたか？

「（エコ贔屓の対象は）優等生だね。でもさ、彼らはクラスの中じゃ発言権は大きくないよ」

●Nさん

中学校の先生との関係を尋ねたところ、まず小学五年生時のエピソードを挙げ、以下のように語りました。

「わし、普段からタバコ吸ったり、悪さしよるからレッテル貼られとる。わしの言い分も聞かんとな、（納屋の火付けを）わしの仕業と決め込んでな、つるし上げや……抗弁せんやったかてや、しても一緒や、どうせ信じよらん、わしの抗弁なんか」

——先生との会話はありましたか？

「会話ねえ、わしらの仲間内では、誰が最初に先公シバくか（殴るか）競いよったくらいや……褒められる、記憶にないなあ。まあ、不良しよって先公に褒められよったんじゃあ恰好つかんわ。ただ、硬派で仲のいい先公が一人おった」

――先生のエコ贔屓はありましたか？

「先公は誰しもエコ贔屓するやつが一人は居るもんや……わしは違う意味で贔屓されとったことになるな（笑）」

●Oさん

――中学校の先生との関係は？

「うーん……そうそう思い出した。あのな、わしの家が、校区の境にあったんや。小学校と中学校は違う校区になってな、せやから仲間もおらへん。それで、まあ、中学入ったらイジメにあいよった……わしが怖かったんかな、相手は集団でしかようイジメんかった。ある日のことや、わしもケリつけよう思うて、その集団のボスを待ち伏せしてシバイてしもうたんや。するとな、そいつ（児童養護）施設から通いよったからという理由で、担任がわしをえらい怒りよった。『かわいそうやろ』言うてな……それから、教師は公平やない思うたことがあったな……エコ贔屓があると」

これがきっかけで相手への尊敬や信頼が失われた、とのことでした。

七人のいずれもが教師に対しては、無関心もしくは敵意を持っていたことがわかりますが、クラスメイトとの関係はまた別です。それぞれの話を聞いてみましょう。

●Iさん

――クラスの中での地位は？

「上の方ちゃう？　ただ、僕の場合は上も下もオーケイやった」

――その地位は自分で望んだものですか？

「そうやな……学校生活で上やないと面白くないわ。一目置かれたい思うんは誰しもやろ」

――どのような能力によってその地位を得たのですか？

「そうさなあ……僕の場合は小学校からのダチが多かったからな、ただ、僕の能力はまとめる能力といえるかな……」

――喧嘩は？

「それはしょっちゅうや」

――じゃあ、腕力は前提ですか？

「そうやな」

――クラスメイトが期待するあなたの役割は何でしたか？

「言うたように、クラスの和を保つこと」

――喧嘩の仲裁とか？

「せやな」

――クラスでナメられないためには？

「意識せんかったなあ……喧嘩も町中しょっちゅうのことやし、何やろ……そいつの意識か……おれは、おれやいう自己をしっかりもつことかな」

●Jさん

――クラスの中での地位は？

「上や、番張るまではないけどな」

――その地位は自分で望んだものでしたか？

「そうやな。誰かのケツに付きたくないやろ」

――どのような能力によって地位を得たと思いますか？

「そうやなあ……おれが不良やからか」

――不良だと地位を得られるんですか？

「言いたいこと言えん奴の代わりに言いたいこと言うたったり、絡まれた奴の仕返ししたりしたったら、自然上になるんやないけ」

――成績や教員の支持なんかでクラス内の地位は手に出来ますか？

「それは無理や。関係あらへん」

――クラスメイトとの会話はあったんですね？

「あったで」

――クラスでの評価基準は？

「うん……何や、関西は面白さや。それと度胸かな」

――Jさんにはどちらもあったんですね？

「今でも変わらんやろ。おれ面白いやろ。違うか」

●Kさん

――クラスの中での地位は？

「そうや、（中学）半ばくらいから頭角現したんや」

──その地位は腕力などで得たのですか？

「それは勿論ある。喧嘩強うないとはじまらんがな、仲間がワルやさかい、まあ、仲間の圧力かな」

──教員の評価が高い者はクラスの地位も高いですか？

「関係ないで」

──クラスメイトと話はしましたか？

「それはするで」

──どのような能力を認められて地位が上がるのですか？

「ケツ割らない。中途半端やないことや。わしこう見えてもまじめなんやで、思い込んだらとことんやるんや。なんや、そこに書いとる評価……基準か、それも（地位が与えられる理由と）一緒や」

──クラスにおける役目は？

「（何か困ったヤツの）応援……まあ、仲間意識か」

──そうした地位や頼られるために必要な能力は腕力ですか？

「いや、それだけやない。魅力か……人間的な魅力」

――そのワルの仲間ですが、リーダーが居たでしょう。彼との信頼関係は？

「それはあるで。ウタわん（密告しない）。逃げない」

●Lさん

――中学のときに番張ってましたか（番長でしたか）？

「番じゃあないですが、悪でしたし、そのグループに属してました」

――クラスでの役割は？

「小学校と中学では、友達の質が全く違ってしまったから。それと、中学ん頃のツレ（友人）も少ないですね。大体、僕は嫌われ者でしたから」

――何でですか？

「いじめっ子やからです。後輩とかも、シンナーおれが持ったら回してくれん言ってこぼしてましたから。……ああ、今は違いますが、悪かったですよ。昔は」

●Mさん

――学校には行きましたか？

「小、中、高全てちゃんと行ったよ。学校は面白かったからね。自分の天下じゃん」

――中学校時代に自分から地位を求めたのですか？

「自然にそうなったね。ただ、僕の場合はね、頭下げるやつは自分で選んだからね」

――クラスの中での地位は？

「まあ、高いかな」

「関東って、まあ、どこも同じかな、不良がさあ、モテるんだよ。違う？　あとね、僕の場合は、人に合わすことが出来たかな。下るんじゃないんだよ。合わせつつ従わせるというかね」

――成績はクラスでの地位を左右する要因ですか？

「関係ないね」

――Mさん自身はクラスのみんなと積極的に会話しましたか？

「それはそうだね。女の相談から、喧嘩の相談までね」

――じゃあ、頼りにされてたんですね？

「というか、相手によるよ。誰でも彼でも面倒見たわけじゃあないけどね。相手見てさ、恩を売るというか」

——抜け目ない？

「そういうことかな」

——そのクラスでの評価基準って何でしたか？

「腕っ節が強いこと、面白いこと、いずれか一つじゃあだめだよ。両方あるのが理想だね」

——Mさんにはどっちもありましたか？

「僕の場合はペテンが利くこと、戦わずして一目置かれてたかな。ヤクザになってもそう」

●Nさん
——クラスでの地位は？

「クラス全体で、自分が一番や思ってたが」

——どんな能力で地位が上がったんですか？

「先ず喧嘩が強い……と思われてるんや、絶対に泣かんしな。それと、少年院帰りやから……播磨、浪速、河内のフルコースや。まあ、中学の時は中等の浪速までやが」

――成績とか先生の受けはクラスの中での地位を左右しますか？

「そりゃあ関係ない」

――クラスでの評価基準は？

「まあ、先公とは違うことは確かやな。腕力と……そうや何というか箔か……不良の箔」

――じゃあ、クラスの人は怖がって話もしないんじゃないですか？

「そんなことはないで、運動得意やしな、まあ、時にスター、時に不良や」

――何かNさんに期待されていた役割とかはありましたか？

「正義感。何かあったら助けてくれるいうんはあったかな」

「そう、団結、仲間を見捨てない。事有ったら助けてくれる」

●Oさん
「たまにしか学校行かんしな、また、仲良かったんが隣の中学や、良くないわ」

「そうや、わしは中学の卒業証書ももらってへんのやで」

学校が非行を深化させた

以上で見られた暴力団経験者と学校社会との関係は、矢島らの「非行少年の適応と自己概念」調査（『犯罪社会学研究』一九九一年）における、次のような結果とおおむね一致をみます。

「総じていえば、非行少年は自らを、人気があり、活動的で、スポーツが得意で、明るく、決断力があり、対人関係はうまく、自己主張ができて、人をまとめていく力はあるが、やさしさはなく、正義感もなく、親や教師から信頼されていない、という自己概念を抱いていることが分かった」

このうち、やさしさ、正義感もないという点のみに関していえば、暴力団加入経験者の回想とは一部で一致を見ないものの、その他の自己概念は、七人の回想と符合します。

やはり暴力団加入者が学校不適応者であったというこれまでの暴力団研究は、教師からの評価が低いという側面においては一致するものの、一概にそのようには言い難い点があります。確かに暴力団加入者は、評価者としての教師からは疎まれ、負の評価をされています。ところが、彼らのクラスメイトとの関係を見ると、一方では、級友から一目置かれ、彼に対する役割期待、すなわち、助けてくれるというクラス社会の保護者的役割や、まとめ役という期待が存在したと回想する点は留意すべきです。

腕力が強い、ペテンが利く、まとめる能力等々といった個人の能力が、クラス内で評価され、その能力に基づき地位が与えられるという点は、アメリカでも同様のようです。アメリカの社会学者であるウォルター・ミラーは、サブカルチャー（ここでは下層階級の非行文化のこと）の中に存在する評価のモノサシとして、「頑強さ、抜け目なさ、危険をあえて冒すことへの満足感、運まかせ、他人から束縛されない自由、慢性的な紛争」があるとしています。こうしたモノサシは、すべて筆者の調査内容とも合致します。

暴力団経験者に対して、教師を評価者とするフォーマルな学校文化は、彼らを教育して躾を行うことはせずに、彼らに対して、成績不良で素行が悪いという負のレッテルを貼り、否定的な評価を与えることで慣習的社会への不満を抱かせました。しかし、その一方で、学校内の生徒を評価者とするインフォーマルな生徒文化は、反学校、非学校の立場から、彼らを評価し、高い地位と役割を与えたといえます。そうであるなら、彼らを「学校不適応者」ということはためらわれます。少なくとも、学校の生徒文化内では、支持されているのですから。正しくは「学業不適応」という方が適切であると思います。

いずれにせよ、一度お山の大将になった彼らは、その味を忘れられないのかもしれません。さらにインフォーマルな生徒文化の中で、先輩・後輩というタテ社会の中で、非行の継承を受けることで、さらに非行深度を第二段階に深めたといえるのではないでしょうか。

コラム――スティーブン・キングと生徒文化

本章では、矢島正見による、日本の学校文化と生徒文化を参考にしました。しかし、この二つの文化の共存はどこでも見られる構図です。映画『スタンド・バイ・ミー』（原作・スティーブン・キング）はご覧になった方も多いでしょう。この作品は、「生徒文化」を描いた名作と見ることができます。

ストーリーは、作家であるゴードン・ラチャンスがある日、「弁護士クリストファー・チェンバース刺殺される」という新聞記事を見たことがきっかけとなり、少年時代を回想するところから始まります。クリス（クリストファーの愛称）は、少年時代の親友だったのです。

ゴーディ（ゴードンの愛称）はオレゴン州キャッスルロックという田舎町で育ちました。ゴーディ、クリス、テディ、バーンの四人は、個性は違えど仲が良く、いつも一緒に遊んでいた、いわゆるツレです。秘密小屋の中に集まっては、タバコを喫《す》ったり、トランプをしたり、少年時代特有の仲間意識で結ばれています。彼らは、ある一面では非行行為を行いますが、決して非行少年集団ではありません。

一二歳だったころのある日、バーンは、不良グループである兄貴たちの会話を盗み聞きしてしまいます。行方不明になっているレイという少年が、三〇キロ先の森で、列車に跳ねられ死体のまま野ざらしになっていることを知るのです。バーンが、ゴーディたちに話すと、彼らは「死体を見つければ有名になる。英雄になれる」と盛り上がります。そして、食料などを用意して、死体探しの旅に出かけます。途中、喧嘩もしますが、助け合いながら、鉄道の線路に沿って、冒険を続けます。鉄橋で危うく列車に轢かれそうになったり、沼ではヒルにかまれながらの旅程です。クリスが持参したピストルを持って交代で見張りをしながら野宿をします。

物語を書く才能があるゴーディは、親に嫌われていることが心の傷になり、将来への希望を持てません。しかし、クリスから、その才能を守ってやるから、必ず伸ばすように言われて希望を持ちます。一方でクリスは、ブルーカラー特有の家庭環境の悪さから、自分の未来は何も希望がないということを打ち明けます。ゴーディは、クリスに進学することを勧め、励まします。冒険を共にし、語り合うことで友情は固い絆となっていきます。

そのころ、不良グループのボス、エースが死体の話を聞きつけ、自分たちもそれを探しにいくと息巻き、車で現地に向かい始めます。このエースは常にタフさを誇示しているように見えます。

翌日、ゴーディら四人は、ついに死体を発見します。エースたち不良グループが現れ、死体を渡せとせまりますが、クリスは断固とした態度ではねつけます。エースが怒って、ナイフでクリスを襲おうとしましたが、ゴーディは強い決意で銃を発砲し、エースに銃口を突きつけます。その気迫に押され、エースたち不良グループは去っていきます。

スティーブン・キングは、このように主人公ら真面目な少年グループと本物の不良グループとのコントラストを巧みに描くことが得意なようです。リアルなのは、真面目な少年グループの方も、多少の非行には手を染める、グレーな存在として描いている点です。『IT』でも同様の構図は見られました。

学校内に相反する二大文化が存在するから、我々は、子ども時代を懐かしい気持ちで思い起こすことができるのかもしれません。

もし、学校が、良い子ばかりで先生に従順な生徒だけだったら……味気ないでしょうねえ。炭酸の抜けたコーラか、出汁をとっていない味噌汁のようなものかもしれません。読者の皆様は、どう思いますか。

第三章　仲間は彼らに何をしたのか

地元の仲間

暴力団経験者の交友関係は主として地縁的なものです。暴力団加入前も、後も、その縄張り的な活動範囲は生まれ育った地場が主です。それは、彼らの家庭の文化的、社会的な背景により決定されます。ここまでに見たように、彼らの家庭にはたとえば食卓を家族で揃って囲むという習慣がなく、門限という家庭内ルールが存在しません。そのため近所の遅くまで遊べる友人を探すことになります。

また、子どもの交友対象の選択に養育者の意向（「○○ちゃんと遊びなさい」というような指示）が反映されることも無いようです。

会社の社宅を想像してみてください。社宅で少年時代を過ごした方は「ああ、なるほどね」と納得していただけるでしょうが、そこには、大体同じような社会的階層の父兄が住んでいます。かれらは、近所付き合いを気にしますから、子どもに「ちゃんと振る舞うように」躾をします。そして、近隣の遊び仲間も同じ学校に通い、同じような環境で遊び、付き合いますから、そうそう簡単にグレて非行に走ることもありません。

社宅に限らず、多くの読者にとって中学、高校時代の友人関係は学校や塾、せいぜい地域のスポーツサークルといったあたりで完結しているのではないでしょうか。社会階層も年齢もほぼ同じ者が仲間となります。

ところが、暴力団経験者の交友環境は、この社宅の子どもとは正反対のケースといえます。彼らの仲間は、学校や年齢を壁としていません。同じ地域の様々な学校に通う（あるいは通っていない）様々な年齢の者が集団を形成します。

その交友関係において、彼らは、機能不全家庭で満たされない男性的役割モデル（男らしさ）や成功モデル（いい女を連れ、高価な服を着て、カッコいい車に乗る）を学びます。そして仲間からの正の評価（強い、度胸がある、カッコいい）、地位（番長や暴走族のヘッド、あるいは暴力団予備軍）を得ようとして、悪しき人格や行動を見習い、それらをより深化させると見ることができます。

つまり、こうした非行集団は、街角家族や非行・犯罪学校としての役割を果たすことになります。ここでのメンバー間の相互作用は、仲間との負の社会的ボンド（紐帯＝きずな）を強化し、非行性を深化させる結果を生じさせます。ちなみに、このボンドの語源は、あの工作用などでお馴染みのボンドと同じです。もっとも社会的なボンドですから目には見えません。

以下、本章においては、家族からの放置が原因となる友人の選択、それはたとえば、門限や塾、習い事のために交友関係が制約されないことから決定される仲間関係について見ていきます。そして、そのような仲間関係に基づいて形成された非行集団内のタテとヨコの人的な相互作用について、専門家の研究を参考にしつつ見ていきます。

暴力団加入者の少年時代

筆者の調査において、「暴力団加入要因は何か」と尋ねると、暴力団経験者の多くは「交友関係」や「地域性」を重要な要因として挙げ、地縁的かつ永続的な交友関係を指摘します。

「おれが、東京の麻布に生まれとったら、ヤクザにはならへんかったろうな。なしかて、接点あらへん」というJさんの発言はその意識を如実に表しています。

筆者が調査した限りにおいては、「家庭は彼らに何をしたのか」の章で見たように、暴力団経験者のほとんどが、経済的、教育的、家庭的な「人生のスタート条件」の点で、恵まれないマイノリティーに位置づけられていることが見て取れました。犯罪社会学者の岩井弘融は次のように指摘しています。

「非行集団は、いわば同類項の集りであり、それに加わってくる青少年は何らかの意味における共通の条件・素地を有しているものである。……このような共通条件とは、概して(a)家庭生活に何らかの欠陥を有する者(b)学校の成績不良者といった条件であろう。すなわち、家族内の不安定、両親の放任、学校生活への不満、等を潜在的に有している青少年たちの結合である」(『犯罪社会学』弘文堂　一九六四年)。

ここでいう非行集団とは、前掲書においてはグレン隊や暴走族を指しています。このような非行集団内の相互作用の中で、彼らは成員に「認められ、評価される」ために、お互いにスマートネス(抜け目なさ)やタフネス(頑強さ)を競うのです。そしてそのために進んで非行行為に従事するといえます。

具体的には、喧嘩、暴走行為、喫煙やシンナーの吸引、覚せい剤の摂取、万引き、カツアゲなどです。また、地位を得ることで仲間内において頭角を現すと、地域の先輩非行少年から「できる奴」として目をかけられ、仲間からも一目置かれることとなります。星野周弘も、「暴力団少年の交友関係や準拠集団は学校内よりもむしろ学校外にあったと考えられ、……彼らの暴力団の接近に影響をおよぼすものであったとみることができる」と指摘しています（『科学警察研究所報告・防犯少年編』一九八一年）。

この点は、IさんとJさんの交友関係やOさんの回想に見出せます。彼らの住む地域では、中学進学とともに学区で分断されるため、その時点でいったん交友関係が切れることが普通です。ところが、彼らは学区に関係なく、旧来の交友関係をグレン隊や暴力団時代まで維持、継続させるのです。一般的には、仲間内の切磋琢磨は、フォーマルな社会では、キャリアの発達や人間形成に役立ちますが、インフォーマルな社会における仲間内での切磋琢磨は、非行・犯罪という負のスキルを磨く場となるのです。そして、その仲間に傾倒すればするほど、非行・犯罪社会との関係や縁が深まっていくといえるでしょう。

お隣さんは暴力団

筆者の調査において興味深いのは、暴力団経験者の少年時代、身近に暴力団の存在があり、彼らを英雄視、あるいは将来的な役割モデルとみなしていた点でした。また、神社などの境内に店を構える露店において、その地域の非行少年と大人の暴力団構成員に接点があったことなどは、その地域の特性として留意すべき点といえるでしょう。

実は、この身近にある街の暴力団の存在こそ、筆者がこの本を書くきっかけとなった経験なのです。筆者は、博多の港町で少年時代を過ごしましたが、そこは、博多最大の商業地区を校区に持つ街でもありました。グレン隊の一員（それほど悪くはなかったと思いますが）として、その街で少年時代を過ごした者にとって、暴力団はお隣さんです。

一〇代半ばで暴力団に加入した知人は、同級生らにとてもリスペクトされていました。はじめは「君」付けで呼ばれ、時間が経つと「さん」付けになっていました。彼は、ロレックスのコンビの時計をして、金の喜平ネックレスを光らせ、本革の靴を履き、オーダーのスーツ（だいたい薄いムラサキ）を纏い、颯爽と肩で風を切って歩いていました。

筆者は、古着屋で買ったスーツで、パチモン（コピー商品）のクォーツ式ロレックスしか持てませんから、羨ましく思ったものでしたが、暴力団事務所の門を叩く勇気はありませんでしたし、勧誘の声も掛かりませんでした。いま、当時を思い返してみると、暴力団に加入する彼と筆者は、身体的な距離は、手を伸ばせば届く位置にいましたが、社会的距離は数光年の遠きにあったのかもしれません。

清原選手の憧れ

お隣さんは暴力団という環境は、二〇一六年に覚せい剤の所持・使用で逮捕され、世間の耳目を集めた元プロ野球選手、清原和博にも見られます。現役時代から清原を知る球界関係者が、その人物像を語るという記事が、『週刊アサヒ芸能』（二〇一六年二月一八日号）に掲載されていました。大阪府岸和田市で少年時代を送った清原元選手も、やはり近隣の暴力団に、憧憬を抱いていたというエピソードが紹介されています。

引退後の清原が入れ墨を入れていたことはよく報じられています。これについて、彼はテレビ番組で「小さい頃の憧れ」と語っていたそうです。さらに、記事には「関西を根城とする暴力団関係者」の次のコメントが紹介されていました。

「岸和田生まれの清原が、ちっちゃい頃から憧れてたのは、郷土愛が強くて同郷の人間に対する仲間意識がハンパなく強い〝先輩〟だった。地元のヤクザだよ。一回りは上だったが、清原が野球で頭角を現した中学時代、名門ＰＬ学園に入っても関係は続いて、プロに入っても清原はかわいがってもらってたな」

清原のようなスポーツマンでも、ヤクザに憧れた——おそらく彼の生まれ育った頃、その地域では、そうした集団への一種の「リスペクト」があったのではないか、と推察できるのです。

余談ですが、ちょうどこの原稿を書いている時に「任俠ヘルパー」（元ヤクザの介護ヘルパー）と博多の中洲で飲む機会がありました。彼は、苦笑いしながら「清原は元にはもどれんやろう。いつも『神様ゴメンナサイ』言うてシャブをダブルで（普通の人の倍の覚せい剤を、一回の注射で体内に摂取すること）やりよったんやろうけん。この際、転身して憧れた裏の道で生きるか……清原ならタニマチも付くっちゃないかいな」と、感想を述べていました。

非行集団に傾倒するわけ

中学校は暴力団員になる者にとっては分かれ道となる段階だと述べました。彼らの中学校のクラスメイトの多くは進学します。受験という、いわゆる制度的社会における学力によるふるい分けが行われるのです。そこで高校に進学しない、あるいは直ぐに中退する非行少年の多くは、彼らの親密な仲間集団としての暴走族やグレン隊に対し、ますます傾倒することとなるわけです。

このような非行集団への傾倒強化を、菊地和典は、暴走族構成員やグレン隊の成員の意識の基盤には落伍者意識が常にあり、その結果、自分と同じレベルにある社会的落伍者としての仲間との連帯を大切にし、「仲間を極端に大事にする」と説明しています（『犯罪・非行と人間社会』評論社　一九八二年）。この時期の気持ちを将来に対する「漠然とした不安」という言葉で表現する暴力団経験者もいました。「男らしさ」を追求する一方で、「落伍者意識」が常にあるがゆえでしょうか。

暴力団リクルーターによる選別

このような分節化（合法的機会、非合法的機会の分かれ道）の時期を経て、彼らは暴走族やグレン隊において非行性を深化させていきます。深刻にグレた者たちの多くはシンナーや覚せい剤などを試みるようになっていきます。このような薬物は主として暴力団関係のルートを通じてしか入手できないために、彼らは暴力団の構成員と接点をもつようになります。そうした接触を通して、彼らは暴力団リクルーターによる人材としての評価の目に晒されるわけです。このことを、暴力団経験者は「篩《ふるい》にかかる」という表現を用いました。

この篩とは、暴力団の評価基準に基づく選別のことですが、言い換えると、暴力団の価値基準に基づくモノサシであるといえます。それまで少年たちは、学校内に存在した反学校や非学校といったサブカルチャーの尺度でものを考えていました。

しかし、リクルーターらと接するうちに、彼らは非行・犯罪性の高いモノサシを与えられるようになります。このような価値観を、暴力団加入少年たちは同輩集団を通じて、あるいは先輩の非行集団、暴力団構成員との接触を通して自らのものとしていくのです。

岩井は、「非行集団の悪質化・組織化は、とくに成人とのつながりがなされた場合において警戒を大にする必要がある」と指摘しています（『犯罪社会学』）。

非行深度第三段階

この第三段階の時期には、働き始めている少年も増えています。ただし、まだ「見習い期」でもあります。

学歴が低い非行少年は、職業選択が限られますから、キツイ、キタナイ、キケンというような3K的職業か、低賃金でやり甲斐のないような仕事にしか就けません。この時期、職業社会の新米である彼らの目には、「隣の芝生はどれも青く見える」ことから、職場に適応できないことが多く、転職を繰り返します。そのためついつい仕事よりも遊びに気を取られがちで、結果として職業を通した社会化は中断されやすいといえます。

筆者が最近出会った保護観察中の少年は、筆者と職業訓練校の先生方の斡旋で、大きな病院に正社員として就職しましたが、すぐに辞めてしまいました。理由は、「給料をもらえるのが一か月後というのは長すぎる。待てない」というものでした。そして、暴力団が関係する会社に戻ってしまったのです。

彼は「こっちの方が金になる」と言い、度々東京に出張するようになりましたが、何をしているのかは、推して知るべしです。

いずれにしても、こうした青年のなかには、職場への不適応感から逃れるために単独で窃盗をしたり、会社の金を持ち出したりするものが現れます。また、彼らは職場で孤立して反法的な遊興にふけるようになります。

職場や、そこで知り合った似た境遇の遊び仲間とともに、買春や賭け事、薬物使用など、遊び的な不良行為も覚えるようになります。遊び領域と職業領域の境界が不明瞭な領域（水商売など）もあり、そういう場では往々にして犯罪が発生します。

当初は、単なる欲求不満の解消であったはずの週末の遊びが、徐々に生活や自我の中核を占め、それに伴って労働意欲を失い、遊びと、それを支える犯罪に、生活の中心が移行することになります。

第二段階の「遊び型」非行者は、基本的にはそれ以上非行を深化させない者が一般的です。たとえば、暴走族の場合は、一定年齢になると足を洗います。「若い頃はヤンチャをしました」と言って明るく過去を振り返るタイプの人々はこういう経歴の持ち主です。彼らにとって、非行はやがて卒業する遊びであったことを表しています。

しかし、非行を単なる遊びと見なせない者がいます。その中に、職場に居場所を見出せなかったり、単純労働や会社内の低い地位に嫌気がさして転職を繰り返す生活を続けるうち、暴力団などの組織犯罪集団の末端に地位を得る者が発生するのです。

実を申せば、筆者の場合も、この職業社会への適応にはかなり苦労した経験があります。たとえば、筆者が最初にアルバイトとして働いたのは「ケンタッキー・フライドチキン」でしたが、いつも小言ばかり言う管理職に手を上げないように忍耐するのが大変でした。キツイ仕事内容には我慢できたとしても、何より苦労したのが、直前まで「うっせーなー、このクソジジイ、クソババア」と言っていた相手に対して、「お客様」などと呼んでへつらうことでした。こればかりは、頭では分かっていても、なかなか慣れませんでした。

前章で触れた第二段階の非行で、暴力団関係者と人間関係を持ち、篩にかけられた結果、予備軍となり、非行の第三段階に移行・定着するケースもあります。筆者が調査した限りでは、こうした例も見られました。

暴力団加入に至る非行の深化は、このようなプロセスを経て為されるものです。ですから、この第三段階に少年を移行させないことが、犯罪社会の維持・継続を抑止するために不可欠であるといえます。

非行深度第四段階

第三段階の非行がさらに進んで、第四段階に至ると、もはや青少年は、自分がプロの犯罪者であるという自覚と、明確な集団帰属意識（集団の一員という自覚）を持つだけではなく、その集団の中心的位置を占め、見習い犯罪者を配下に持ちます。非行集団から新規暴力団組員を勧誘する暴力団リクルーターは、多くの場合、この段階の青少年です。彼らの犯罪の手口は専門化されています。所属先は暴力団の他に、窃盗団、スリ団、最近では半グレ集団やオレオレ詐欺グループなど多様な形態が存在しています。ここまで来ますと、もはや非行とはいえず、犯罪です。

こうなれば、警察力などを用いない限り、彼らを抑えることはできません。ただ、一方で、そうした犯罪集団は、公的な警察力に対抗するため、あの手この手を研究します。こうした犯罪者の多くは、盗品の売りさばきや他の犯罪者からの恐喝を防ぐために、別の犯罪組織と関連を持ちます。その犯罪組織は、全く表に出ないものもあれば、合法的な仮面をつけて公然と会社経営をする組織もあります。たとえば、マンションの一室で、一方ではインターネットの契約を電話で勧誘しながら、別室ではネズミ講的なインチキ商売を行っているようなグレーゾーン的なものから、090金融と言われるようなトイチやトーサン（一〇日で一割、三割の高利）のヤミ金まで、業態は様々です。

以上、ここまで非行の深化プロセスを概観してきました。子どもの非行を深化させないためにも、非行化の早期発見、早期治療が、いかに大切であるかお分かりいただけたことと思います。

七人の非行集団活動

それでは、実際の暴力団経験者たちにこの頃のことを振り返ってもらいましょう。

●Iさん

――非行集団に入っていましたか？

「中学ん頃はツッパリで、高校で（暴走）族ですやん」

――補導歴はありますか？

「ある」

――何をしてパクられましたか？

「器物損壊、共同危険行為ですね。族ですわ」

――入所歴、少年時代はありますか？

「鑑別（所）ですね。族がらみですわ」

――薬物経験は？

「（中学の頃は）シンナーですわ。シャブは今みたいに簡単に入手できんかった」

●Jさん

――薬物の経験は？

「まあ、おれらな、中学ん頃、ようシンナーでパク（補導）られよったんや。あんまりパクられるもんでな、ポリも覚えてしまいよる。『またお前か……大概にせえよ』とか言われよった。あいつら全く、取調べん時シバき（殴り）よる。中学生やでこっちは……ある時な、四人でおってな、ポリに追いかけられたんや、二人は逃げ、二人はパクられた。おれはパクられた方やったがな、シンナーやっとらんから、まあ、甘かったな。ところが、シンナーしとったもう一人な、刑事が聞きよんねん『あとのヤツん名前を言え』てな、そしたら、そいつ『知らんわ』言うたんや、したらや、いきなり拳骨でバコッや。そいつビビリあがってな即チンコロ（口を割る・密告する）したで……。

一番ムカツイたんはな、おれとお前が捕まったとするわ。そうして、刑事が両方の親と会うわけやな、そして、各々の親にお互いの悪口を吹き込む訳や。たとえばやで、おれん家に来た刑事はな、『息子さんの友達言うんは悪友やから、あんまし子どもさんを近付けん方がよろしい』となまた、お前んとこ行ったら、おれの悪口を言うわけや。そしたら、親は真に受けよってな、息子がシンナー吸うんはそいつの所為と思うわけや。考えてみい、この頃の友達は親よか大事やったろう。で、いっつも思いよったんや『お前に何が分かるか』ってな」

――その頃、家に帰ってましたか？

「帰ったらシバかれる（殴られる）ん分かっとうやないけ、帰らんわ。友人宅をハシゴやったたな」

――食事は？

「ああ、それね。まあ、ダチが出してくれたり、スーパーの一便狙うわけや……たまに、食パンしか無い時あんねん。どないせい言うんかいな」

「まあ、その当時は金が無かったたな。なしかて、先輩に金作れ言われよるんや。はじめん内はな、カツアゲやりよるんやがな、大体、中坊は金持たんやろ、しゃあない、高校生狙うんや……それがや、一度な、タメのヤツが『朝高（朝鮮高校）や、金出さんかい』凄んだらな、『何言うてんかい、わし等が朝高や』言われてな……往生したで、あん時は。あとでな、お前、朝高の制服位知っとけボケ、言うたがな。まあ、兎も角、あん頃はな、カツアゲするんがエライこっちゃった。仕事やったな」

――非行集団加入歴は？　たとえば、暴走族とか入っていましたか？

「無いな。まあ、そんころ流行《はや》ってたんやが、おれの場合は、ストレートに組行ったからな……やが、初めはテキヤに行っとったんや。そこから、組入ったんが一六（歳）か、テキヤ居ったたんは……そうやな一〇か月くらいか」

●Kさん
――中学の頃、悪さといったらシンナーとかですか？

「そうや……酒、タバコ、シンナー、薬物は大体やっとうな」

「わしらまあ、グレン隊やったな。地域にな、月一回夜店が出る所あんねんな、そこに中学ん頃からわしら行きよるやんか、せやから、顔見知りや。そうこうしとるうちにな『お前ブラブラしとんやったらウチ来んかい』てな話になるんや」

●Lさん
「中学に行って、本格的に悪のグループに入ったからでしょう。これがヤクザになった決定的な理由とは言いませんが、僕は中一まで塾に行きよったんですよ、中一の時、塾の帰りにですね、くわえタバコで歩きよるところ見つかって、塾にチクられたんです。するど、友達の親が騒ぎ出しよって、そんな子ら皆塾変わりよりました。それから、友達が居なくなるし、そいつらと疎遠になる。話は合わんでしょう……これでも、小学校の頃は頭いい子やったんですがね」

——非行集団には加入しましたか。暴走族とか？

「ああ、地元には族は無いんですよ。単車は乗りますがね」

——じゃあ、グレン隊？

「そうですね。悪い人らのグループでね。シンナー仲間ですか」

——何人くらい？

「三、四〇人位ですね」

●Mさん

——暴走族とか入ってましたか？

「うーん。族ってその頃あんまし無かったんじゃない。グレン隊の予備軍と言ったほうがいいかな（規模は）三、四〇人位だね」

――何するんですか。活動は？

「この頃さ、アメ車流行ったんだよね。それとディスコ。だからさあ、軟派なグレン隊に入ってたわけ……活動？　悪いこと全部。軟派だよ、基本的に。でもね、今で言うと硬派になんじゃない。だってさ、遊びは遊びでもさ、スジは通してたもんね。ルールとゆうか、仲間内の暗黙の決まりごとは守んないとね」

●Nさん
「少年院帰りやから……播磨、浪速、河内のフルコースや。まあ、中学の時は中等の浪速までやが」

――シンナーは？

「したことはあるがな、しょうもないわ。中学出たらもうシャブやった。昔のブツは純度が良かったから、良くトンだ（薬物の効果が現れる）もんや」

●Oさん

「非行といえばきりがないが、わしが鞄にドス入れて学校行きよったんも非行や、タバコ吸いよったんも非行やろ」

――非行集団には加入しなかったですか？

「わしら昔からの仲間と愚連隊組んどったんや、その名称が『血友会（仮称）』言うんや」

――その昔からの友達というのは、いつ頃からの友達ですか？

「小学校の頃や、校区が変わった言うたろ」

――そのリーダーも（小学校の）旧友ですか？

「そうや。ヤクザ予備軍と言えたが、喧嘩集団やな」

――小学生の頃、補導は経験されましたか？

「された」

――少年院とかの入院は？

「鑑別までか」

――シンナーはやりましたか？

「シンナーはない」

非行集団における地位と暴力団とのつながり

続いて、非行集団での地位と暴力団とのつながりについて聞いてみましょう。

●Iさん

——暴走族で上になる為の条件とは？

「僕らのところは、そんなに組織化されてへんかったんですわ。関東とかは階級決まってますけどな」

——でも、暗黙の上下はあるでしょう？

「まあ、それは先輩、後輩やら」

——上になる為の条件、能力は？

「統率力、運動能力、最後に腕力か」

——そのボスとの信頼関係はありましたか？

「あったで……ただ、番（長）クラスの奴でどうしようも合わんやつがおったで、いつか仕返ししたる思ってたわ」

――なるほど、ところで、その非行集団でIさんの地位はありましたか？

「あった」

――どのような能力に基づき地位が与えられましたか？

「根性と器量やな」

――器量とは？

「人間の器の大きさか」

――その集団がIさんに求めた役割とは何でしょうか？

「(学校と) おんなしやん……まとめる力」

――では、その集団の評価基準は同じですか？

「うん……そうやなあ、一番大事なんはリーダーシップや、それと本人のハングリー精神が大事やな、それが無いと上には立てへん」

――中学の先輩でヤクザになった人はいますか？

「居る」

――その先輩とのつながりは卒業後もありましたか？

「ある。族で」

●Jさん

——地位を決めるものは？

「腕力と、なんや……機転か。この引きも、上のモンの目（選択眼）が問われるところやな。ハズレ有りや」

——暴力団とのつながりは？

「（中学の）先輩や」

——どのくらいいたのですか？

「両手の指で数えられんな。おれは、指の数少ないさかい、なおさらや」

——暴力団にJさんを誘った先輩とは同じ中学でしたか？

「そうやな」

——それ以前から知り合いですか？

「いや……中学からや。実際、おれも数人後輩やダチを誘ったが」

「なんでや、おれら周りにヤクザ仰山おってん。夜店でもヤクザと顔見知りやないけ」

「夜店とかようけ行きよった。まあ、そこでヤクザと話しよったし、先輩でもヤクザなったんはようけおるで。おれの両手では数えられんくらいや……そうやなあ、おれが、東京の麻布に生まれとったら、ヤクザにはならへんかったろうな。なしかて、接点あらへん」

●Kさん

――グレン隊において、上になるための条件とは？

「まあ、喧嘩の強さ、根性の他にな、采配振れる器やないとイカンのやな……何より人と同じことしよったんじゃアカンな」

「中学ん時、あんましわしが悪さしよるから、親が、これは近所の悪たれどもの所為やと早合点して、石川県のおばあちゃんンとこに預けられてな、高校行かされたんや。せやがな、一番の悪たれはわしいうことを知らんやったんやな。どこ行っても一緒やで」

「そうやなあ……でもな、わし一〇代から彫り物しとったやろ、そいから極道入ったやんか、みんなメッチャビビリよってな、そこいらじゅう怖いもんなしや」

――暴力団とのつながりは？

「わしらまあ、グレン隊やったな。地域にな、月一回夜店が出る所あんねんな、そこに中学ん頃からわしら行きよるやんか、せやから、顔見知りや。そうこうしとるうちにな『お前ブラブラしとんやったらウチ来んかい』てな話になるんや」

●Lさん

――中学、高校時代に属していた不良グループで、指導的立場に立つのに必要な条件とは何でしょう？

「そう……人望とか、やはり喧嘩強いことかな……あと、面倒見の良さ」

――そうしたグループの中での地位に満足してましたか？

「してましたよ。不満は無かったですね……他の人らは面白くなかったと思いますが」

――暴力団とのつながりは？

「（近所の）知り合いに、運転手居らんけん、一日運転手してくれんかと言われました。それから、おまえ、ブラブラしとんのやったら、ウチに来い言われまして、まあ、無職やったしエエか思いましたんや」

●Mさん

――非行集団での地位は？

「有力な先輩について参加してたからね。低くはないか。……ただね、そこで目立とうとは考えなかった。僕は頭下げる相手を選んでたけどね」

――そこでの役割とは？

「特にないんじゃない。普通に不良やってたからさ。薬（覚せい剤）のルートをウタう（警察官などに自白する）とか、そんな心配はされてなかったと思うよ」

――その非行仲間と暴力団とは接点がありましたか？

「あったね。覚せい剤の取引でね」

●Nさん

――Nさんの地位は？

「おれが親分や。まあ、先輩には逆らわんかったが……先輩立てる、これは礼儀やな、不良の」

――どんな能力に基づき地位が与えられますか？

「学校と同じや、泣かない、泣き言わない、根性ある」

――仲間に期待されることは？

「団結、仲間を見捨てない。事有ったら助けてくれる」

――その仲間内での評価基準は？

「人間性やな……喧嘩強いだけやない、男気いうか子分の面倒みれんとな。そこ見られる」

――暴力団とのつながりは？

「仰山あるわ……その中からようけ（沢山）組に入ったし、先輩がおるやんか」

●Oさん

――愚連隊（血友会〈仮称〉）の副会長としてのOさんの役割は？

「まとめ役いうとこか」

――どのような能力によってそうしたポストが与えられましたか？

「うーん……喧嘩強いこと、と言っても、わしが絶対泣き入れんかったことや、つまり根性すわっとるいうことか」

――仲間内での評価基準は何でしたか？

「一番大事なんは根性と度胸やな」

――「血友会」当時、頻繁にヤクザと接点はありましたか？

「街ではよく見かけてた。お互い顔は知ってたわ」

「（妾宅住まいだった）親父のとこ行った時な（家に帰って来るように説得するのが目的だった）、腹決めたいうたが、わしらの愚連隊のシマ（縄張り）やった駅前に飲屋街があってな、そこ出入りしよって格好のいい女将知ってたんや……で、その人にこう言うたんや『わし、男の世界に入りたいが、知った人おりますか』ってな……あとで知ったんやがな、その姐さんは（入った組の）兄貴の女や。その姐さんが受けてくれてな、わしは兄貴に連れられて親分に会いに行ったんや。まあ、その兄貴が男振りがいい人でな、鶴田浩二みたいやった……未だ覚えてるわ。こんな具合やったな……」

暴力団という地場産業

ここで見たような暴力団とつながりを有する非行集団が存在していることを、アメリカの社会学者、リチャード・クロワードとリロイド・オーリンは、「非合法的な手段を用いて目標を達成する機会構造（非合法的な機会構造）の利用可能性」（“Delinquency and opportunity : A Theory of Delinquent Gangs", Free Press, 1960）と表現しています。暴力団は「非合法的な機会構造」の典型です。

「機会構造」とは耳慣れない言葉だと思うのですが、これは社会学の専門用語です。簡単にいえば「集団」とか「組織」と表現してもいいのですが、なぜこのような呼び方をするのかといえば、必ずしもカッチリした集団や組織ではない場合もあるからです。たとえば、「暴力団」は典型的な「非合法的な機会構造」で、この場合は「非合法的な集団（組織）」と言い換えても問題ないでしょう。しかし、人間の社会においては、かならずしもカッチリした集団や組織ではないのだけれども、「何となく存在している」ようなものがあります。スラム街のようなところでは、非合法的な行為を容認、推奨するような「場の空気」があります。これは集団や組織ではないのですが、確かにそこに存在はしていて、それが住民に影響を与えています。このような存在までも含んだ概念が「機会構造」なのです。

このような「非合法的な機会構造の利用可能性」が高い地域ほど、そこに住む非行少年らは暴力団に入りやすくなります。そのことは前述のKさんの発言に見られます。Kさんは、夜店の出るところあたりをブラブラしているうちに、「ウチ来んかい」とスカウトにあったとのことでした。

これは、近隣に暴力団が存在し、彼らとの接触、すなわち、非合法的な機会構造との接点があったことを示唆します。つまり彼らの住む地域では、暴力団は地域に密着した非合法な地場産業であったわけです。そして、そこに就職するには、学歴ならぬ「非行歴」があったほうが有利だと言えそうです。

先述した星野周弘の研究において、暴力団加入者は、粗暴な非行集団加入経験者の加入年齢が最も若く（平均一七・八五歳）、暴走族加入経験者（一八・五四歳）やその他の非行集団加入経験者（一八・五三歳）がこれに次ぎ、非行集団への加入経験の無い者（一九・四九歳）が最も遅く加入する傾向が見られると言います。この主張から、何らかの非行集団加入者は、暴力団に馴染みやすい傾向が見て取れます。

また、粗暴非行集団出身者が、暴力団の中核的メンバーの補給源になりやすいことを挙げています（『科学警察研究所報告・防犯少年編』一九八一年）。

次に、星野らの研究においても、暴力団新加入者では、中学時代に三一・三％が非行集団に加入しており、その大部分は粗暴犯集団と暴走族集団に加入したものによって占められている、と報告されています。また、暴力団新加入者のうち、二四・八％は暴走族集団への加入経験をもっており、暴力団新加入者の四分の一は暴走族出身者ということになります。したがって、現代では、暴力団新加入者、予備軍少年のいずれについても非行集団加入経験者が多いという傾向が認められ、彼らの暴力団接近にあたって非行集団の果たす役割が大きくなっていると見られ、暴力団加入要因のひとつとしての非行集団加入歴を指摘することができるのです。

暴走族イコール暴力団ではない

ただ、ここで間違ってはいけないのは、「暴力団に加入するのは非行集団の成員が多い」からといって、「非行集団の成員の多くが暴力団に加入する」わけではないという点です。星野らは、暴走族から暴力団に加入するものは限定されており、あくまでも特殊な成員が暴力団に加入に至ると指摘しています。

すなわち、暴走族集団は暴力団に対する有力な人的供給源となっていると見ることができるものの、暴走族集団の成員の大きな部分が暴力団に流れ込んでいるわけではありません。星野らが研究した一九七九年中に暴力団に流入した者、もしくは暴力団員として新たに認定された者は四〇〇〇名ほどと推計されるので、このうち、四分の一が暴走族出身者とすると、一〇〇〇人ほどが暴走族から暴力団に流れ込んでくることになります。

一方で、当時の暴走族集団の成員は、全国で三万人ほど（一九八〇年）ですから、暴走族から暴力団に加入するものは、全暴走族メンバーの三・三％程度に過ぎません（同前）。

筆者も、暴走族など非行集団の少年の誰もが暴力団加入資格を持つのではないと見ています。暴力団加入に際しては、先ず、加入者（あるいは加入希望者）が、いかに非行集団内で地位を得ていたかという点が重要です。

ただし、この篩もまた時代によって変化します。この暴力団による篩がけについて、Kさんはこのように語ってくれました。

「（今の時代は、ヤクザになると言ったら）ウェルカムや。なして、人手が足らんがな。せやかて、わしらの頃は篩かかるし、誰でもは無理やった……先ず、喧嘩強うないとな。で、何や、そこらの悪（ワル）に顔が利くヤツな。悪の中でもピックアップされたヤツや……（暴走族やグレン隊から）ヤクザなれんかったんは、本人がビビリよったか、篩かけられて落っこちたヤツや」

非行少年が暴力団に入るか否かは、近隣に地場産業としての暴力団組織が存在したのかどうかに加えて、非行集団が暴力団と接点を有していたか否か、そしてその少年が暴力団側のメガネに適うか、運命の分かれ道となるのです。

二〇一六年春に筆者が上阪した際、かつて調査に協力してくれた暴力団幹部（調査時点では離脱者）と会食しましたが、その席に若い組員ふたり（二一歳、二五歳）も同席していました。筆者の古びた不良のメガネで見ても、彼らは筋金入りの不良でした。協力者も彼らに対して「お前たちは立派なヤクザになる」と褒めていました。なぜなら、この近隣には彼らの部下の若者が数十名いるからです。ということは、この近隣には暴力団組織が存在し、若い組員の部下たちは、暴力団との接点を有しているといえるのです。

コラム――ヤクザとシャブ

覚せい剤のことをシャブといいます。最近はアイスやスピードなど、しゃれた名前で呼ばれることもありますが、同じ覚せい剤のことです。売人は、「シナモノ」と呼びます。

この覚せい剤、なぜシャブというかご存知でしょうか。由来とされるエピソードがあります。大正一二年に生まれ、昭和三〇年に没したヤクザ、出口辰夫にまつわるお話です。出口は映画『モロッコ』（マレーネ・ディートリヒ、ゲイリー・クーパー主演）を好んで観たことから、「モロッコの辰」と呼ばれていました。宮崎県の尋常小学校高等科二年を卒業後、すぐ上の兄とともに、横浜市鶴見区潮田に住む次兄夫婦のもとに預けられ、ここで夜学の工業高校に進学しました。同じころ、川崎にあった「薄田拳闘クラブ」に通いはじめ、愚連隊としての喧嘩三昧の生活が幕を開けます。

日本は太平洋戦争を始め、辰にも召集令状が届きますが、肺浸潤により兵役不合格となりました。肺結核を患っていたようで、この頃から痛みを緩和するために、ヘロインを常用していたと言われています。

辰は、少年院や刑務所にも収監されています。恐喝罪で一年間服役して出所後、二四歳ぐらいの頃は、賭場荒らしに明け暮れていました。違法に開帳されている賭場に、拳銃片手に出向いて、金を奪うのです。これをシノギとしたというから、大した度胸です。

やがて、彼は「横浜愚連隊四天王」の一人として怖れられるようになります。

昭和二三年のある日のこと、彼は仲間と湯河原町の旅館で開帳している賭場を荒らしに出かけました。しかし、そこで居合わせた稲川角二（後の稲川会会長の稲川聖城）が、一〇〇円札の束を辰らに渡し、賭場荒らしを止めるように諭したと伝えられます。二人は、賭場荒らしを止めて、その場から大人しく去ったそうです。

その事件を機に、辰は次第に稲川角二に心酔し、翌年には稲川角二と親子の盃を交わします。そして同年六月に熱海市咲見町に稲川興業の看板が掲げられました。

ここから稲川会の屋台骨を作った辰でしたが、昭和三〇年、肺結核のため早逝しました。

常用したヒロポンの影響からでしょうか、火葬後のお骨の取り上げの際、骨がボロボロに崩れてお骨上げができません。石井進（稲川会二代目会長）は、泣きながらモロッコの辰の骨を手ずから握りしめ骨壺に収めたという話が残っています。以来、覚せい剤のことを「骨までしゃぶる」からシャブというようになった、と伝えられています。

「モロッコの辰」の活躍を描いた映画に『修羅の群れ』があります。辰の役は、二〇〇二年のリメイクでは寺島進が演じています。興味がある方は、ご覧になってみてください。戦後の日本動乱期にヤクザが果たした「街の自警団的な役割」が垣間見られる映画です。

筆者はこの話を京都のKさんから聞きました。Kさんは、一〇代で覚せい剤と出会い「こんないいもんがあるなら、酒も女も止めや」と思ったそうです。

もっとも、ヤクザの覚せい剤中毒者が必ずしも快楽目的で使用するとは限らないのです。

別の元ヤクザは「ヤクザはね、シャブやんないといけない場面があり、二つの理由から（シャブの使用は）止むを得ない事もあるんだよ」と言います。

——二つの理由ですか？

「そう。一つは、部屋住みの時（住み込みで雑用をやる時期）ね、若い衆は寝る時間がないんだよ。だって、親分が外出するのは夜でしょ。車の中で待ってなきゃなんない。でも、この間は眠たいんだよね。

それと、もう一つの理由。それは、兄貴分から勧められるんだよ。でもね、嫌とは言えないでしょ。だって、ヤクザは親（分）の為に命捨てる覚悟がいるんだからね。そこで断ったりしたら『何やお前、命、組に預けたんちゃうんかい。死ぬんが怖いんか』って言われるよ。だから、ヤクザになると嫌でもシャブやんなきゃなんないんだよね」

表向き、ヤクザの組織では覚せい剤はご法度です。ですから、バリバリの博徒であったOさんは、子どもが生まれて組を抜ける際、あえて覚せい剤を濫用し、中毒を理由に破門になりカタギ転向しています。

「(シャブに手を出したんは)現役の頃や……ちょっとこれには訳があるんや。実はな、わしの現役の頃に友人が居った。新聞社の人でなあ、いい人やった。この人が子どもの育て方わしに教えてくれたんや。わし自身、子ども時代不遇やった、その人の話聞いてな、わし次第に組抜けたい考えるようになったんや。方法を色々考えたんやが、その方法がシャブやった。わしら博徒や、シャブでボロボロになったら博徒は務まらん。それで破門してもらったんや」

こうしたデータから、ヤクザが覚せい剤に手を染めるのも、一概に快楽目的ではないということがお分かりいただけるかと思います。

たかがシャブ、されどシャブ。覚せい剤中毒になるのも、様々な背景があるのです。

第四章　個人的な特性はあるのか

社会的要因と個人的要因

前章までの三章にわたり、「家庭は彼らに何をしたのか」、「学校は彼らに何をしたのか」、「仲間は彼らに何をしたのか」と、人がグレて、グレ続けて暴力団に加入する社会的な要因を指摘しました。それはすなわち、以下の五点です。

①機能不全家庭による社会化
②学校内の教師を評価主体とする学校文化における否定的評価
③学校内生徒文化における肯定的評価や支持
④非行集団による地位の付与
⑤近隣地域における暴力団組織の存在

このような社会的な要因に加えて、本章では、暴力団経験者に指摘される個人的な要因を見てみます。その作業は、つまるところ、これら五つの社会的要因の間をつなぐ要因を考えるということです。

社会的要因と個人的要因とは一本の縒り合わせられたロープのようなものにたとえることができます。オギャーと生まれた時から、暴力団に加入するまでに至る個人の社会化の過程を時系列的に見れば、まず社会的要因の存在があって、そこから個人的な要因が生じるのです。両親いずれかの不在や放置が指摘される機能不全家庭という社会的な前提があるから、その家庭において社会化された少年はマナーが悪く、学業成績が悪いわけであり、学業成績が悪いから機能不全家庭に生まれた訳ではない。これは自明のことです。

こうした社会的背景から産み出された個人的な特性ゆえに、発達とともに新たな帰属社会（集団）は決定され、その社会（集団）における社会化の質が決定されるのです。したがって、社会的、個人的な要因のいずれが欠けても結果として暴力団への加入はなかったと考えられるのです。そうした各要因は有機的に関連し合いながら少年を暴力団加入へと導いていった、と見ることができます。

犯罪者になる傾向とは

そこで、本章では、個人の社会化という時系列に沿って、暴力団加入における個人的要因を指摘し、それが個人の帰属する社会を決めるプロセスについて考えてみたいと思います。

筆者の研究からは個人的要因としては次の五つが見られました。

①学業成績不振者である
②中卒や高校中退者が多く、教育的アチーブメントの水準（学歴）が低い
③非行集団加入歴が見られる
④早い時期から非行の傾向が見られる
⑤帰属する集団内において地位への執着が見られる

これら五つの要因について見ていきましょう。

暴力団経験者の多くに学業成績の不振という傾向が見出せます。これは、端的に、彼らの家庭が教育を社会的に重要なスキル（たとえば、一流企業に入社して出世するためには、高度な教育が必要である）と見なさず、養育者がそうしたスキル発達に努めなか

った結果であるといえます。ゆえに、彼らはその価値観において学業を社会的に重要なスキルと認識していなかった傾向が見出せます。

したがって、学業成績は彼らの文化内のモノサシにおける焦点的な関心とは見なされないのです。

ところが、現実の社会はそうではありません。星野周弘が指摘する通り、われわれの一般社会においては、教育的アチーブメントの水準（学歴）が低い者、および躾が十分になされていない者は、犯罪者、非行者となりやすいという見方が支配的です。だから実際には、学業成績はその者の価値を決定し、ゆくゆくは彼の帰属社会を決定する重要な評価基準になるのです（『日本刑事法の理論と展望　下巻――佐藤司先生古稀祝賀』信山社　二〇〇二年）。

筆者の研究における暴力団経験者も、加齢とともに、そういう世間の常識、いわゆる中流階級のモノサシという評価基準の存在に気づくことになります。しかし、その時点で彼らは、一般社会において自らがそうした基準に適わないことは承知しています。それは、暴力団経験者の多くが大学進学を念頭に置いていなかった、という回想に見ることができるのです。

漠然とした不安

彼らの多くが、学童期に将来に対する「漠然とした不安」を感じていた、と回想している点は注目に値します。

「そうやなあ、将来考えると漠然とした不安はあったな……まあ、せやからダチとツルむんやな」（Jさん）という発言はそれをよく表しています。成績が振るわない、先生などの評価者から正の評価を得られない暴力団経験者が、少年時代において、自己の失敗、あるいは将来性の不安に気づき、自尊心を低下させた結果であると見ることができるのです。

高橋良彰は、非行少年は、自分の周囲に「尊敬できる先生」、「相談できる先生」、「自分のことを気にかけてくれる先生」は少なく、逆に、「悪いことがあるとすぐ私（たち）のせいにする先生」、「私（たち）を避けている先生」、「私のことを誤解している先生」が多いと考える傾向があると指摘しています。要は自分にとって「良い先生」は存在しない、と彼らは考えているということです（『新犯罪社会心理学』学文社　一九九九年）。これは第三章で見た、暴力団経験者たちの話と合致します。

教師からの評価が低ければ、その代わりにもっと自分を肯定的に評価してくれる場を探す。そこで中流階級のモノサシとは異なるパターンを探そうとするのです。社会学者ハワード・カプランは、「人間は、否定的な自己態度の経験を最小化し、肯定的な自己態度を最大化するように振舞う」と主張しています（後述）。

この自尊心の回復メカニズムに関しては、第二章で紹介した、社会学者のアルバート・コーエンは次のように表現しています。

一般社会の権威に服さない彼らは、その社会において支配的なゲームに関心を示さなくなり、ゲームを取り運ぶルールにも反応を示さなくなり、その実際のやり方においても、ゲームから生まれる各々の役柄の重要性を評価することはほとんどなくなる。ことにその状況が多くの他人と共通する場合、彼らは別のゲームを考え出したり、探そうとする傾向を持つ。そして彼らはその中で、より報いの多い役柄を見つけることが可能になる――これがコーエンの説です。もちろん、一般社会で認められるわけではなく、あくまでも彼らの活動する狭い範囲にとどまる評価です。

非行少年のふるまいの多くは、一般の人にとっては理解不能なものでしょう。生活に困っているわけでもないのに窃盗に手を染めてみたり、何の意味もない落書きをしたり、物を壊したり、ささいなことで対抗する集団と「抗争」を起こしたり……。世間の人たちにとって「そんなことをして何の意味があるのか」という行為ばかりです。しかし、彼らは別のモノサシ、ルールを持っており、別のゲームをやっていると考えれば合点がいくはずです。

このような行動が、非行サブカルチャー内（たとえば非行集団という狭い社会）では地位の獲得につながり、別の集団、すなわち、一般社会においては地位を下げる汚点となるとコーエンは主張しています。一般社会においては、一つの集団で正の評価を得れば、それは別の集団でも通用することが多く見られます。会社の社長をやっている人は、町内会やPTAでも一目置かれやすい。ところが、非行集団での評価は、往々にして一般社会と正反対になります。たとえば、少年院への送致経験は、非行集団内では不良としての箔がつき、正の評価を得ることができますが、一般社会では、内申書に負の評価をされることで地位を下げる結果となります。

彼らが世間とは別のゲームの世界を生きていると考えれば、集団を作り、群れる意味もよくわかります。非行集団に属すると、普段つきあう相手は限定され、狭い社会の中での人間関係は密になり、強化されます。こうしたプロセスを通じて、彼らの間では、課題、問題に対処する手段として、世間のルールに基づいた対処ではなく、逸脱が好ましいという状況定義（ルール設定）がなされ、実際に逸脱行為に及ぶわけです。

この点については洋の東西を問わないようで、筆者の研究とも一致します。そして、彼らはその集団内で高い地位や評価を得るために進んで非行を行うのです。その成果により、彼は集団内でメンバーたちの肯定的な評価を得ることができます。そのことで結果として自尊心が回復できるのではないかと思われます。

地位への執着

ここまでに見てきたのは、個人的要因の①〜④にあたります。しかし、これだけでは暴力団に加入するには至りません。筆者が最も重要な個人的要因だと見ているのは、⑤「帰属する集団内において地位への執着が見られる」ことです。

「暴力団経験者の学校内地位や役割」、あるいは、「非行集団における地位と暴力団のつながり等に関する回想」を見ても、彼らは常に地位に対して強い執着を示したと見ることができます。この地位的な欲求ゆえに彼らは犯罪学的な常識である「発達とともに非行傾向は減ずる」という法則には従いません。自分に対して正の評価を下さない一般社会に組み込まれることを拒みます。その代わりに同類の集う集団で、自分の得意分野で正の評価を得て自尊心を高め、さらにその状況を維持するために、グレ続けていったのだと考えられます。

「いまさら学校に戻って勉強しても上にいけるはずもない。スポーツをやっても同じだ。自分がトップになれるのはこの道しかない」

こういう思考回路から、彼らは年をとっても非行集団から抜けないわけです。

そのように考えるとき、筆者は、既述した個人的な要因の中でも、「地位的な欲求」の存在こそが、暴力団加入における最も重要な個人的要因であり、個人的な特性であると考えるのです。

生まれついた階級からは逃げ出せない

ここまでに見てきた七人の暴力団経験者の話を聞くと、本章で述べた社会的な要因と個人的な要因の両方が、人生の中に埋め込まれていることがよくわかります。

「自分が東京の麻布に生まれていたら」暴力団と接点もなく、暴力団には入らなかっただろう、とJさんは話しました。また、「ヤクザになるんは家庭と友人、そして地域に問題があんねん」とNさんは語っています。彼らが主張する加入要因に筆者は耳を傾けなくてはならないと考えます。

「もし、この家庭に、この地域に生まれなかったなら彼は暴力団には加入しなかったであろう」というような、「もし〜であったなら」という仮定は、科学的な議論においては念頭に置くべきではないのかもしれません。ただ、そうはいっても、暴力団経験者たちのケースを見る限り、その人生過程には、様々な負の要因がかくも有機的に関連し、負の連鎖を形成していることが見て取れるのです。

そして、いずれのケースにおいても、間違いなく家庭の放置は非行化の始点であり、近隣の環境は非行や非行集団に加入する促進剤ともいうべき機能をもっています。そのような社会的な諸力は個人的な特性、すなわち、学業不振やマナーの悪さ、教育的なアチーブメントの水準（学歴）の低さ、地位的な欲求に先行して、それを生み出す要因といえるのです。

ですから、再度強調しておきたいのは、有機的に縒り合わせられたロープの始点は社会的な要因であるということです。

つまり家庭の機能不全です。子供は生まれてくる家庭を選ぶことはできない以上、その意味でこれは運命的な要因ともいえるのではないでしょうか。個人は、その運命的、不可避な要因としての家庭の質、そして、そのような家庭で不完全に社会化された結果、帰属を余儀無くされた社会集団、そこにおける社会的価値観への適応等々の諸要因が結節して、暴力団加入に導かれるのです。

このように生まれながら社会化の質が決定される構図は不平等です。しかし、それはわが国において紛れもない事実ですし、残念ながら世界中のどこにでも存在する構図です。「自分が生まれた階級から逃げ出すことは文化的にはひじょうに難しい」とアメリカの英文学者であるポール・ファッセルはジョージ・オーウェルの主張を引用して強調しています（『階級』光文社文庫　一九九七年）。

我が国でも、橘木俊詔は次のように述べ、家庭環境と機会の不平等について指摘しています。

「人は自分の生まれてくる環境を選択できないという意味で、家庭環境は制御不可能な状況とみなせる。……すなわち、父母の教育水準、職業はどうであるかとか、そして家庭の所得レベルについても子どもからすればすでに決められた環境である。そしてこれら制御不可能な家庭環境が子どもの将来の人生経路を決める確率が高いことは、広く一般に認識されている。やさしく言えば、親が恵まれた状況にいれば子どもも恵まれる可能性が高いのである」（『封印される不平等』東洋経済新報社　二〇〇四年）。

第五章　ギャングになる理由はどう理論化されてきたか

犯罪社会学の理論を検討する

筆者は暴力団経験者からの聞き取りをして、彼らの暴力団加入に関係する各要因を検討していくうちに、先行の研究、理論について検討する必要性を感じるようになりました。ここまでにも引用してきたように、海外でもアウトロー（ギャング）になるプロセスについてはさまざまな研究が行われてきています。

この章では、それらのうちの代表的な理論を紹介し、筆者の研究結果との関係について考察を進めてみます。

理論というと、専門的で、とっつきにくいと思われるかもしれません。しかし、犯罪社会学の理論とは、「社会に『ある』、あるいは『ない』現象を法則化したもの」とでも言いましょうか、それほど難解なものではありません。もし、いやしくも人間社会を科学する社会学の理論が、我々の日常生活とかけ離れていて、難解なものであったとしたならば、それは現実に即していない欠陥理論といえます。

ここで紹介する理論は、一見難しそうですが、読者の方々も「ああ、なるほどね」と思われるようなものばかりです。多くの方が、日々の社会生活で思い当たるような出来事を見たり、経験されておられるのではないでしょうか。

取り上げるのは、ジョン・ヘーガンの「資本の再組織化理論」、クロワードとオーリンの「分化的機会構造理論」、ウォルター・ミラーの「焦点的関心理論」、ハワード・カプランの「自己評価回復理論」の四つです。最後の「自己評価回復理論」のみは行為者(つまり非行少年自身)に力点を置く理論ですが、他の理論は社会構造に力点を置く理論です。

ヘーガンの「資本の再組織化理論」

ジョン・ヘーガンの理論はアメリカの貧しいインナーシティにおける社会解体、家族解体を説明する試みから生まれています。インナーシティとは都心とその周辺の街のことを指します。社会解体や家族解体を説明するのは、犯罪に影響を与える都市状態に注目するからです。崩壊した地域とは、家族、商業施設、学校のような社会統制機関が機能せず、期待される、あるいは定められた社会的、経済的目標をもはや達成しえない地域を指しています。

その社会がどの程度解体されているかを測る指標には、失業率、退学率、低収入家庭の割合、単親家族の割合などがあります。

失業率や退学率、あるいは単親家族の割合が高く、収入レベルが低いほど社会の解体が進んでいるということになります。こうした地域の居住者は、紛争や絶望を経験しており、結果的に反社会的行動が増加すると見るのです。アメリカ映画『グッドフェローズ』や『モブスターズ／青春の群像』を見ると、社会解体、家族解体が進んだ移民の街区（ブロック）で一攫千金を目論んでギャングになる若者の姿が描かれています。

ヘーガンは、「社会的資本」、「文化的資本」などの資本が撤収された下層階級の環境においては、そこで生まれ育った者たちを、逸脱的（非行・犯罪的）なサブカルチャーへの順応を促し、そうすることにより「資本の再組織化」が図られるとしました。その結果、たとえ違法な手段でも目標の達成のために試みられるようになるというものです。

さらに、女性は失職した男性とは正式な婚姻関係を持たず、もっぱら生活保護に依存した母子家庭がその地域の家族形態の主流になります。この地域では、違法な手段や通常の手段とは異なる手段で形成された資本に頼って生活することが当たり前となるサブカルチャーが形成されるのです（参考：宝月誠『逸脱とコントロールの社会学』有斐閣アルマ二〇〇四年）。

ヘーガンの指摘する社会的資本とは、人的なネットワークや信用です。それは、社会における人的な資本（知識やスキル）や、物質的な資本（生産的道具としての機械）とは異なり明確な形があるものではありません。

親は子どもの将来を考えて、友人や付き合う人たちを選別します。その選別のためには、そもそも親自身が、何らかの人的なネットワークや信用を地域で得ていなければなりません。そうしたネットワークや信用を資本だと捉え、「社会的資本」としたのです。どのような「社会的資本」を持つかによって、その親、あるいは子どもの所属するグループは決定されます。これは当然のことでしょう。

もう一つの「文化的資本」とは、芸術や知識といった蓄積された資本を指します。たとえば、アートそのものや、それをサポートする制度（美術館、交響楽団、劇場など）

を利用、参加することを含むものです。コミュニティや家庭において社会的資本が豊かなときには、文化的資本を利用、消費することは、高等教育の資格を取ることや高い文化水準との係わり合いを容易にします。すなわち、文化的資本は、コミュニティや個人の社会的資本の程度に影響されます。そして、文化的資本は、それと関わりを持つ者の後の人生におけるチャンスを高めると、ヘーガンは指摘します。

ある地域が一定の経済基盤を築いており、失業者や単親家庭も少なく、地元の人間関係が健全な形で存在しており、文化的な交流や資源も豊富な状況であれば、犯罪に走る人は少ない。ところが、社会や家庭が崩壊すると、その地域の「社会的資本」や「文化的資本」もなくなっていきます。しかも、単になくなるだけではなく、それらの資本は、以前とは別の形で再構築されていきます。

その再構築を担うのは、犯罪や非行に親和性のある住民たちですから、道徳や遵法精神といったかつての「資本」のベースになっていたものは軽視されます。このようにして、そうした地域では、一般社会とは別のルールが生まれるわけです。従来のカルチャーとは別のサブカルチャーが生まれるわけです。そのため、ドラッグの密売や売春などで生計を立てるものが増えます。

ヘーガンの理論の出発点は、スラム地区のようなインナーシティの環境における社会解体や家族解体の説明ですが、それは個人の適応をも視野に入れたものです。すなわち、目標の選択においては、個人もコミュニティや社会同様に資本の状況に影響されると主張しているのです。たとえば、子どもが人生の目標を定めるにあたっては、コミュニティや社会同様、資本の状況に左右されます。社会的資本や文化的資本が不足している家庭や、両親は、子どもに十分な教育や資本を授けることができないので、その子どもたちは社会的、文化的順応や、資本の構成において前途が有望ではない（チャンスのない）細い道に追いやられます。

ヘーガンによる一連の主張は、以下のように定式化されます。

①支配的かつ一般社会が共有する社会的資本、文化的資本が撤収される
②資本の再組織化が図られる
③地域、住民が逸脱的サブカルチャーへ順応するようになる
④違法な手段による目標の達成が蔓延する

クロワードとオーリンの「分化的機会構造理論」

リチャード・クロワードとリロイド・オーリンについては、143頁でも触れました。彼らは、「分化的機会構造理論」で、アメリカの若者の犯罪的ギャングの行動タイプを分析して、それを近隣サブカルチャーと体系的に結び付けて論じました。

彼らは、社会にある合法と非合法の両システムに注意を払うべきであると主張します。彼らによると、誰しも人は二つの機会構造上に位置しており、その一つは合法的な機会構造（一般社会）であり、もう一つは非合法的な機会構造（犯罪社会）であるとみています。いずれの機会構造を選択するかは、その人が置かれた社会的地位に左右されると言います。

そうした理解を前提に、合法的手段による文化的成功目標を達成する可能性を制限された者が非合法的な行動に出るにあたり、その行動の性質は、近隣の非合法的手段の利用可能性により異なる、としています。そして、その非合法的手段の利用可能性とは、下層階級の近隣における非行サブカルチャーの存在に左右されるものである、と主張するのです。

クロワードとオーリンは、ギャングの行動タイプの特性と、近隣サブカルチャーのパターンを体系的に結合させました。

彼らの唱えた「分化的機会構造理論」によると、ギャング組織にはいくつかのパターンが存在しており、どのパターンになるかは、その地域を支配する大人の犯罪活動の状況や、サブカルチャーに影響される、とされています。

このような地域の状況にあっては、大人の成功的役割モデルは、一般社会での成功者像とはかけはなれたものです。このモデルは、非行集団内において若者の個人教師となり、犯罪スキルの発達を促します。

しかも、もし、このような大人の犯罪モデルすらない場合、その地域では、暴力が支配的となる「コンフリクト・ギャング」や、ドラッグの乱用に支配される「逃避的ギャング」が出現するとクロワードとオーリンは指摘しています。つまり、地域がより無秩序な状態になるということです。

彼らの理論によると、非行サブカルチャーの形態は、その地域社会の状況に左右されるということになります。そして、近隣地域に確固たる犯罪的な機会構造が存在しないかぎり、下層階級の非行少年は、非合法的な社会においてすら成功を手に入れることができなくなるのです。

暴力団は地域密着型の犯罪集団であり、非行少年が、祭りの露店などの場における大人の犯罪者との接触により加入しているのは、ここまでに見た通りです。この地場産業的な暴力団の存在が、クロワードとオーリンのいう大人の成功的役割モデルであり、一般社会の合法的機会構造とは異なる非合法的な機会構造であると見ることができます。

この非合法的な機会構造における文化的成功目標は、一般社会と大差ありません。つまり、高級車であり、マイホームであり、高級時計やブランド品などの高級品です。ただ、異なるのは、目標の達成手段です。我々は、それを手に入れるために、会社で働いてお金を貯めたり、ローンを組んだりしますが、暴力団員の場合は、犯罪的手段によって得た金銭、たとえば、みかじめ料や覚せい剤販売で得た利益、あるいは、恐喝で得たお金によって手に入れるという点です。

この文化的な成功目標を達成するための方法は、その人が利用可能な、あるいは深くかかわっている機会構造の違いに起因すると、クロワードとオーリンの理論は主張するのです。

さて、このように見るとき、分化的機会構造理論は次のようにまとめられます。

①文化的成功目標の達成を阻止されることで、人は己の貧しさ、欠乏を知り、不満を貯めこみ緊張が生じる

②そうして生まれた不満や緊張から、一般社会ではなく、非合法的な機会構造を選択することで逸脱行動（非行、犯罪）が生じる
③その逸脱行動の形態は、近隣のサブカルチャーや、価値観によって左右される

ミラーの「焦点的関心理論」

ウォルター・ミラーについては、一度、109頁でも触れました。彼は、緊張と社会的孤立のために崩壊したスラムでは独自の下層階級文化が生ずるといいます。この下層階級文化は慣習的な社会規範と対立する独自の価値観や考えを主張するものです。そして、犯罪行動は、下層階級文化の価値や伝統への順応であり、必ずしも一般社会への反抗を意図するものではないと指摘します。つまり、最初に一般社会への反発があって、そこから犯罪が生じるというよりも、単に自分たちのルールに従ってゲームをしていたら、結果として一般社会への反抗になっていた、ということです。

前述の通り、ミラーは非行に関するこのような下層階級文化の特徴として、次のようなものを挙げました。①タフネス（頑強さ）、②スマートネス（抜け目なさ＝他人を出し抜く能力）、③危険をあえて冒すことに対する満足感、④運まかせ、⑤他人から束縛

されない自由、⑥慢性的な紛争。これらのモノサシのことをミラーは「焦点的関心」と名付けました。

もちろん、①、②あたりは一般社会でもプラスに働くかもしれない要素です。しかし、一般社会では「タフでない」からといって「腰抜け」扱いされることはありません。「抜け目なさ」に欠けた人のほうが「誠実な人物だ」と評価を得ることもあるでしょう。ビジネスの場面でチャレンジングな判断をすることは評価されるかもしれませんが、危険だとわかっていること（たとえば、チキンレースで赤信号を無視するとか）をあえてやることはまったく褒められません。

運を受け容れることは悪いことではないでしょうが、最初から「運」を重要視しすぎる人は、おそらく一般社会では「計画性が無い」とネガティブに見られるでしょう。「他人から束縛されない」状態には、誰だって憧れますが、それも程度問題です。そして、時に相手と戦う姿勢も一般的に求められる資質でしょうが、慢性的に戦っている人は、おそらく一般社会では敬遠されます。

このように見ると、こうした下層階級文化の特徴は、一般社会が正の評価を与えるものとはかなり異なることがわかるでしょう。そして、下層階級においては、こうした特徴をどれだけ身に付けているかによって評価が決まるというわけです。

とりわけ、タフネス（頑強さ）とスマートネス（抜け目なさ）は重要視されます。下層階級の集団でリーダーとなるには、この二つの点で秀でていることが求められます。特に抜け目なさが重視される傾向にあり、スマートな者の方が、しばしばタフな者よりも名声を得るのです。これは、下層階級の文化であっても、スマートネスというモノサシを持ち、「頭脳」に敬意を持っていることを意味しています。

非行集団のような「親密な仲間集団」は、そのメンバーとなる若い男性にとっては、とても重要で特別な存在です。多くのケースにおいて、それは彼らにとって最も安定した、結束力のあるグループであり、彼らは長期にわたりその集団の一員となります。

シングルマザーの家庭で育てられた少年にとって、街角の非行グループが「親密な仲間集団」となるケースは多く見られます。そしてこのグループは、少年が家庭で学べなかった男性的な役割学習（男らしさの学習）のための最初の現実的な機会を提供します。

この集団は、内部の連帯意識を重んじます。メンバーはグループ全体の利益を優先させることが求められます。従って、個人的な欲求を次に置く能力や、グループ内で親密な相互作用を維持させる能力を持たなくてはなりません。そのため身勝手な行動をして結束を「かき回す者」や、逸脱的行動に際し、自分だけ逮捕や制裁を恐れて逃げるような者はメンバーの一員として容認されず、グループに留まることはできないのです。

非行集団のメンバーたちは、通常の活動――様々なタイプの暴力や窃盗（ギャングファイト、自動車窃盗、コソドロ、万引き、カツアゲ等々）――が法に違反することを知っています。彼らは精神病質でも、身体的、精神的欠陥を有しているわけでもありません。正気で違法行為を繰り返しているのです。

非行集団は、独自の基準を定め、メンバーはそれを支持し、共有し、実行することが求められます。メンバーであり続けるには、高度の適合性と個人的能力が必要です。ゆえに、若者ギャングは、近隣のコミュニティ・メンバーの中から、最も「有能」な若者を勧誘する傾向が認められるのです。

一般社会からは、無軌道、無秩序に見える非行集団ですが、ミラーはそうではない、と主張しているわけです。非行集団が犯罪を遂行するにあたっては、グループの基準や下層階級のモノサシにかなっていることが前提であり、集団内で評価されない行為は避けられるのです。

ミラーの主張は、以下のように定式化されます。

①崩壊した地域においては独自の文化が育まれる
②それは中流階級とは異なる独自の評価基準（モノサシ）を有する
③この基準の構成要素は焦点的関心と呼ばれる
④非行集団においては、この焦点的関心に照らして非行、犯罪を遂行することで行為者は重要な地位や名声が与えられる

カプランの「自己評価回復理論」

ハワード・カプランの唱えた「自己評価回復理論」とは、非行や犯罪に走る者が、そうした行為に主観的にどのような意味を与えているのかを理解しようとした試みです。

一般社会で認められなかった者たちは、自尊心を回復するために、自らを肯定してくれるモノサシのある集団に惹かれます。そして、彼らは評価を得て自尊心を取り戻すために、非行や犯罪にコミットするのです。彼らが帰属する新たな集団は、一般社会とは異なり、彼らの行為を賞賛し、支持し、彼らにポジティヴなフィードバックやサポートを与えてくれます。

しかし、彼らはその集団において自らの自尊心を維持するために非行・犯罪的行為を継続しなくてはならないのです。加えて、筆者が考えるに、彼らが自尊心の満足を測る基準は集団内での地位といえます。地位が維持できないということは、その集団においても彼の行為が、もはや評価に値しないと考えられるのです。ゆえに、行為者が自尊心を高めるために必要な、帰属する集団内における正の評価と、その中で行為者が占める地位とは不可分な関係にある、というのがカプランの主張です。

ここまでに見たように、カプランの主張は、確かに筆者の研究におけるデータとも一致を見ます。Ｉさんは、「ガッコ（学校）で上にならんと面白うないやん」という理由で不良グループに加わりました。また、Ｋさんは、中学一年の時「モロテくった（ナメられてしまった）んや。その時からやな、お前ら絶対に見返したる。親父とこいつ見返したる思うてヤクザなるの決意したんや」と語っています。

彼らは、いったん一般社会で傷ついた自尊心を取り戻すために、別の社会、集団で地位を求めようとしたわけです。

自尊心を回復するためにフルタイムの非行少年に

非行少年を支持し、正の評価を与える者たちは、決して全てが非行少年であるわけではなく、そのほとんどが自ら教師文化や一般社会における正の評価をも希求する者です。彼らは暴力団に入る少年らとは異なり、まず高校進学を目標に努力を重ねます。このように見るとき、生徒文化を構成する少年たちは、フルタイムの非行少年とは異なり、せいぜいパートタイムの非行従事者であるといえます。

いずれにせよ、暴力団経験者の多くがその非行集団を経て暴力団という職業的犯罪集団に加わった経緯を見ると、彼らは常に非行的な集団に帰属することで、自らの自尊心の確立と維持を図っていたと考えられるのです。したがって、筆者の研究が示唆する暴力団加入における一つの要因、すなわち、暴力団加入者が共有する加入動機として自尊心の回復を重要と見なすならば、この行為者論に属するカプランの理論は、暴力団加入メカニズムを理解するために意味があります。

ただし、注意すべきは、このような逸脱の要因を個人の動機や意識に求めるカプランの理論のみですべてを説明できると考えるのは短絡的に過ぎるということです。

「私は誇れるものを多くは持っていない。私は社会にとって無用な者である」と感じ、自尊心を低下させた者全てが、犯罪や非行に従事する「非行集団」に加入して、犯罪や非行を重ね、暴力団に加入し、新たなアイデンティティーの向上を試みるわけでは決してありません。そこには、前章で見た通り、やはり彼らの置かれた環境や社会的、文化的背景など他の社会的な諸力をも検討する必要があります。なぜなら、個人が知覚する自尊心の低下や肯定的な評価の希求は、個人が生来的に有している意識や感情ではなく、あるいは遺伝による特性でもないからです。

それは個人の社会化のプロセスにおける人的な他者との相互作用によって育まれてきた負の意識、あるいは社会的な欲求なのです。ゆえに、筆者は、人が社会的動物である以上、暴力団経験者の回想を、よりマクロな社会構造的な側面から議論することは意味があり、不可欠なものであると考えているのです。

暴力団加入メカニズムの仮説

筆者の研究結果と、従来の社会構造に関する理論とを照らし合わせ、結合させてみました。その結果、筆者は人が生まれて暴力団に加入するまでの過程に関して、次のような仮説を提示するに至りました。

〈社会的・文化的資本が撤収された家庭で発達した者が、非合法的な機会構造内で地位を求めるとき、暴力団に加入する傾向がある〉

次に、行為者論の立場からは、暴力団経験者が中学生時代に持った不安感や疎外感は、一般社会で肯定的な評価を得られなかったことが原因であると見ることができます。そして、彼らは何らかの非行集団に加入し、その集団内での肯定的な評価を得るために逸脱を継続・深化させていった末に暴力団に加入したといえます。この点はカプランの理論を用い、次のような仮説として提示できます。

〈一般社会において自尊心の低下を経験した者が、新たな帰属集団において自尊心の回復を希求するとき、暴力団に加入する傾向がある〉

暴力団に加入する人の背景は多様であり、それを単一の理論で説明することはナンセンスです。そこで現在、さしあたり必要なことは、一定の理論的な視座にこだわるのではなく、柔軟にいろいろな理論を活用することです。筆者が提示した理論的な視座は、今後の研究において指針とはなりうるものであると考えていますが、社会の変化に対応するためにも、さらなる修正、改善が必要でしょう。

第六章　グレ続けた人は更生できるのか

暴力団を離脱する転機とは

本書で述べてきたのは、人がグレ続けた結果、暴力団に加入するメカニズムであり「暴力団への入口」の話でした。「まえがき」で述べたように、これは、二〇〇六年～二〇〇八年にかけて行った筆者の研究結果に基づいて書かれています。その研究後の二〇一四年、つまり筆者の母校がある福岡県北九州市で、工藤會頂上作戦が激化した時期と同じころ、北九州市立大学の恩師や仙台大学の先生と、公益財団法人日工組社会安全財団の助成を受けて、暴力団離脱実態の研究を行いました。いわゆる「暴力団の出口」の研究です。

暴力団離脱実態については、稿を改めて論じたいと思いますが、暴排意識が高まりを見せている時期でもありますから、グレ続けた人が更生する可能性について、その骨子にのみ簡単に触れたいと思います。

離脱研究で得られたデータを見ると、暴力団離脱者の多くが、青少年期から非行や犯罪を繰り返し、少年院や少年刑務所、刑務所などの刑事施設への収容を経験することで、職業社会からの孤立と、社会的ボンド（絆）の弱体化を経験しています。その結果、暴力団経験者の当時の拠り所や居場所は、主として暴力団組織であったと回想しています。

しかし、全ての暴力団経験者は結婚を経験し、半数以上の者は、子どもができたこと、あるいは刑事施設への長期収容（子どもと会えなくなる）、親分など上司の変更、破門という出来事を、暴力団を離脱するターニング・ポイント（転機）として経験しているのでした。

暴力団から抜ける、というと「指を詰める」ことが条件のようなイメージがあります。しかし、現在の暴力団離脱に際しては、彼らの話を聞く限り、「エンコ詰め＝指詰め」のような高いハードルを課されることはないようです。その意味では、一目見て「元暴力団」とわかるような特徴はなくなっています。

しかし、そうはいっても、離脱をしたものの、親分や幹部級の者を除き、彼らが職業社会で再スタートを切るには、彫り物を背負った上に、経済的にも余裕がなく、前科もあり、指もなく、職業経験もなく学殖もありませんから、不利益は累積しているように思えます。

暴力団員からアウトローへ

実際、暴力団を離脱した者が直面する最大の問題は、結婚することで、家族という最低限の「社会関係資本」は有するものの、安定した就業が困難であるということです。ここでいう社会関係資本とは、重要な他者と認めたお互いが投資し合い、愛情や信頼関係といった人的なつながりの質を高めた社会組織であり、なんらかの行為を共有して促進する存在のことです。たとえば、夫婦は、家族という社会組織を構成し、子どもを健全かつ健康に育てるという行為を促進します。

星野周弘らが指摘するように、職業社会での安定的な就業は、暴力団離脱者の社会復帰における重要な要素です。暴力団離脱者の職業生活に関して重要なことは、彼らが「カタギ」の職業に就業できるかということであり、社会復帰の成否も、これにより大幅に左右されるのです。なお、「カタギ」の職業に就業する方法は、①自営業を始める場合、②組員時代の合法的職業を継続する場合、③縁故者の紹介によって雇用される場合の三通りがあるといいます（『科学警察研究所報告　防犯少年編』15（1）」一九八二年）。

筆者の離脱研究においても、少数ながら一旦は心を入れ替え、カタギの職業に就いたものの、差別や偏見、イジメなどの様々な経験から、非合法なシノギの継続を余儀なくされるに至った人がいました。このように暴力団を離脱しても、カタギにならず、引き続き非合法なことに従事する人のことを、その筋では「アウトロー」と呼びます。

彼らは、小集団で活動し、内部の規律やオキテのようなものはなく、金になることなら、どのような悪事でもはたらく集団です。ある大きな組の気合の入った極妻経験者は、アウトローの危険性を次のように表現しました。

「あかん、ヤクザ辞めたもんに義理も人情もないで、カネの為なら何でもする危険な連中や」

彼らは、犯罪人生の浅い半グレなどとは異なり、これまでの暴力団人生で、様々な悪事のスキルを身に付けてきておりますし、犯罪的なネットワークを有していますから、危険な集団です。彼らが従事する主な悪事は、覚せい剤の密売、窃盗、偽造、恐喝、売春など、カネになることなら何でもします。厄介なことに、彼らは暴力団員ではありませんから、暴力団対策法や暴力団排除条例の網の外にいるため、警察による暴力団としての取り締まりが適用できません。

暴力団離脱者の拠り所

興味深いことに、筆者らが調査した関西の街角では、暴力団離脱時に不名誉な辞め方をした者以外は、かつての暴力団組織の縄張りである生まれ育った地元に戻っていました。不名誉な辞め方というのは、組織に迷惑をかける辞め方や、無断離脱のことです。無断離脱のことは、彼らの世界では「飛ぶ」とも言われます。暴力団離脱者は、地元の友人や知人を離脱後の拠り所として挙げる者が多く見られました。

しかし、そこで暴力団在籍時と同様の悪事、たとえば覚せい剤の摂取や売買などを公然と行うと、近隣住民や仲間（この人たちの中には、暴力団離脱者も居ますし、元暴力団の親分や姐さんもいます。暴力団離脱者の中学時代の先輩も居ます）から非難され、いわゆる村八分を受けることで「地元に居られなくなる」のです。この「地元」は、漫画『じゃりん子チエ』に描かれるような世界をイメージするとわかりやすいでしょう。チエの父であるテツは、まともに働いているとは言い難い人物ですが、暴力団とは一線を画しており、むしろ地元の組員たちからは怖れられる存在です。そして、おかしなことをする組員やアウトローたちに遠慮なく「鉄拳制裁」を加えます。カネも巻き上げます。地元の地獄組はテツのせいで解散しました。そんな無敵なテツですが、恩師である花井拳骨先生のことは苦手で、いつも逃げ回っています。この作品では、元ヤクザと普通の人が共存している明るい街角が描かれています。

このように見ると、地元の友人や知人は、暴力団離脱協力者として、社会関係資本としての機能を有していると考えられます。

「なぜ人は犯罪を止めるのか」という理論

彼らの更生を考えるうえでは、トラビス・ハーシの「社会的ボンド理論（以下、ボンド理論）」が有効です。一般に、犯罪社会学の理論というと、「人はなぜ犯罪を犯すのか」という視点から理論を用いて説明しようとします。しかし、反対に「なぜ多くの人は犯罪を行わないのか」という視点から説明しようとした試みが、ハーシの唱えたボンド理論です。ハーシによると、犯罪を抑制する次の四つの社会的ボンドがあるといいます。

①「愛着のボンド」――両親や教師、雇用者に対する愛情や尊敬の念を指し、彼らに迷惑を掛けたくないという気持ちが非行や犯罪を抑制するというもの。
②「努力のボンド」――これまで努力して手に入れた社会的な信用や地位を、犯罪にともなう利益喪失と比較し衡量した上で、非行や犯罪が抑制されるというもの。
③「多忙のボンド」――合法的な活動に関わり、非行や犯罪に陥る時間がないこと。
④「規範意識のボンド」――社会のルールに従わないといけないという意識であり、非行や犯罪に罪の意識が強い場合は抑止されるということ。

せっかく暴力団を離脱したのに、アウトローになってしまった人たちには、こうした社会的ボンドのいずれか、あるいはすべてが欠けていたと考えられます。

この社会的ボンド理論をさらに発展させた理論があります。犯罪や非行が生じるのは、人々を遵法的な行動へと、つなぎ留めている社会的ボンドが弱まった時であるとするハーシのボンド理論を踏まえつつ、そうした社会的ボンドが、人の発達の過程で、ダイナミックに変化する可能性に言及し、これによって犯罪経歴の「持続と変化」の両面を説明できると主張したものです。それは、ロバート・サンプソンとジョン・ラウブというアメリカの学者が提唱した理論――邦訳すると、少々長ったらしいタイトルですが「年齢によって段階づけられたインフォーマルな社会統制理論（以下、ライフコース論）」です。

重要な他者への愛情と信頼が犯罪からの卒業を促す

サンプソンとラウブは、一九九三年に著した『犯罪の生成――人生の道筋と転機』において「ライフコース論」という説を展開しました。これは、個人のライフコース（人生行路）にわたる犯罪行動の持続性と変化を認識し、児童期の非行行動、青年期の非行行動、成人期前期の犯罪行動を理論的に説明するものです。この理論では、先述したボンド理論の「社会とのボンドが弱まったり切れたりする場合に、犯罪・逸脱の可能性は高くなる」という主張を、理論構築の基礎として用いています。

その上で、年齢に基づく個々人のライフコースを識別し、様々な社会的なコントロール制度が人の生涯で変化することを論じました。警察などが執行できるフォーマルな制裁は、犯罪のコントロール要因として作用します。それとは別に家族、学校、職場での人間関係や、人々の結びつきを通して確立される役割関係の結果として、インフォーマルな社会的コントロールが発生すると主張しています。

ライフコース論は、労働、結婚、就職等といった、ポジティヴなターニング・ポイントを経験することによって得られた、インフォーマルな社会的コントロールの役割を重視するものです。それは社会における重要な他者との関わり、すなわち、家庭社会における親と子ども、学校社会における教師と生徒、職業社会における雇用者と従業員などは、人生上の発達段階において個人と社会とを結びつける関係であり、社会関係資本として表現されています（"Crime In The Making", 1993）。

愛情や信頼関係に基づく社会関係資本は、物質的・人的資本と同様に生産力があります。それがあることで、人は様々な目的を達成することができます。逆に言えば、そうした社会関係資本を持たない人は、社会での目的を達成することが困難になるのです。

サンプソンとラウブによると、遵法的な社会への同調に至るにあたっては、成人期の就職、結婚などといった重要な社会的コントロールを生むターニング・ポイントが修正のきっかけになるといいます。ライフコース論では、多くのライフコース研究が、単に結婚や就職といった出来事の発生やタイミングを重要視するのとは異なり、結婚や就職による社会的ボンドや社会関係資本の変化、愛情や信頼関係に基づく重要な他者との人的なつながりの質が、行動を変化させると主張しています。

この成人期の社会的コントロールは、親や学校、あるいは警察による直接的かつ、フォーマルなコントロールではなく、他者への義理や自制といったインフォーマルな「内なるコントロール」が重要な役割を果たします。そうした「内なるコントロール」は、成員たちがお互いに依存していなければ生まれません。そしてそれは、犯罪の性向を持つ者が、実際に犯罪行為を実行することを躊躇《ためら》う障壁となるのです。犯罪経歴に関係なく、成人期における重要なできごとや、それに伴う社会的ボンドの形成、すなわち、職業への愛着と、結婚による結びつきにもとづく家族生活や労働のなかで投資された重要な他者（奥さんや雇用主）との社会関係資本の蓄積（愛情や構築してきた信頼関係など）が犯罪を抑制するのです（『刑法雑誌』38（3）一九九九年）。

暴力団離脱を説明する

ライフコース論の主張をまとめると、「成人期に形成される社会的ボンドや社会関係資本から生じるインフォーマルな社会のコントロールが、従来の犯罪性向の差異とは関係なく、犯罪行動の変化を説明する」ということになります。

これは筆者らの研究とも合致します。ここでいう成人期に形成される社会的ボンドや社会関係資本とは、筆者らの離脱研究から見る限り、凝縮性が高く家族のボンドが強い家庭であり、安定的な仕事と近隣社会とみなすことができます。したがって、暴力団からの離脱に関しては、以下のように仮定できます。

〈成員のボンドが強い家庭や安定した仕事、近隣社会関係といった社会関係資本から生じるインフォーマルな社会コントロールが、従来の犯罪傾向の差異とは関係なく、暴力団からの離脱を説明する〉

つまり、若いころからグレ続けた人も、結婚し、父親となり、安定的な仕事に就き、近隣社会が受け入れてくれたら、グレることから卒業する可能性があるということです。

最新の暴力団研究を行った、菊池城治による研究でも、同様のことが述べられています。そのうえで次のような政策的提言をしています。

「海外の研究においても、結合力の強い結婚や安定した雇用が遵法的生活を回復させることが明らかになっている。したがって、就職支援とともに、一般の人との社会関係の保持や安定した生活様式の確立のための生活指導は、犯罪生活からの脱却に効果的であると考えられる」（『日中組織犯罪共同研究　日本側報告書I――暴力団受刑者に関する調査報告書』社会安全研究財団　二〇一一年）。

本書の冒頭でも述べましたように、昨今のわが国では、暴排の気運が高まり、暴力団に対して風当たりが強くなっています。暴力団側から見れば、経験したことのない強い向かい風にさらされている状態です。暴排条例等の功罪はいったん措《お》くとしても、暴力団に籍を置く人たちが暮らしにくくなっていることは確かです。これは、官民一致した暴排運動の成果といえるでしょう。

しかし、実は、それだけでは、真の暴排にはつながらないのです。いえ、それどころか、「さらに悪いもの」を生み出す恐れがあるのです。

暴力団離脱に作用する二つの力

筆者らは離脱者の研究を進めたうえで、次のような結論に至りました。暴力団離脱を促進させるためには、プッシュ要因と、プル要因を念頭に置く必要がある、ということです。

暴力団離脱におけるプッシュ要因とは、暴力団に居続けることへの魅力の低下のことです。警察の取締りの強化に起因する経済的利益減少や暴力団に居続けることでの恩恵の逓減《ていげん》は、個人を暴力団から遠ざけるでしょう。

一方、プル要因とは代替性を指します。それは個人のライフコースにおける暴力団以外のルート、新たな（合法的）活動と道筋に引き付ける環境と状況、それはたとえば、個人が配偶者や子どもを持ち、地域社会に再統合されて就職することであるといえます。最近の欧米のギャング離脱研究は、こうしたプッシュとプル要因の積み重ねの効果に注目しています。

プッシュ要因とは、暴力団における内的な要因であり、プル要因とは、外的な要因であるといえます。現在は、官民一体となった取り組みにより内的要因は高まっていますから、今後、検討すべきは「一般的な社会に帰ってこい」というメッセージを発する外的要因に重きを置いた施策ではないでしょうか。

筆者らの離脱者の研究においても、プル要因として、一般の社会での就職を希望した者や、家族や子ども、孫のために離脱に踏み切る者が見出せました。しかし、もし、プッシュ要因のみが強くなり、暴力団を辞めても一般的な社会に戻れないとしたら、家族がありながら、職に就けないとしたらどうでしょう。暴力団離脱者は未来への希望を失い、自暴自棄になるかもしれません。そして、アウトローに身を落とし、生きるため、カネのために更に悪いことをするかもしれません。アウトローは、暴力団員ではありませんから、暴力団対策法や暴力団排除条例で取り締まることができませんし、暴力団のオキテの埒外に置かれています。

たとえば、暴力団では、覚せい剤は表向き禁止の組織が多いのです。ですから、未成年者に覚せい剤を販売したり、使用したりして警察に検挙されたら、破門や絶縁という制裁も覚悟しないといけません。しかし、アウトローならそのようなことを気にせず、未成年者に覚せい剤を売ることを躊躇う理由がありません。もし、彼らがカネのために海外のマフィアとタッグを組んだら……余り想像したくない事態になるといえるでしょう。

福岡県の挑戦

福岡県は、二〇一六年度より暴追センターを通じて、暴力団離脱者を雇用した企業に助成金を支払い（一人あたり最大一年間約七〇万円）、万一、離脱者が業務上で会社に損害を与えたら、その損害補償措置（最大二〇〇〇万円の見舞金）をも念頭に置いた施策を実施すると発表しました。この制度のスゴイところは、福岡県と連携協定を結ぶ一四都府県（佐賀、東京、大阪など）で就職した場合、県外の企業にも助成金を払うという広域連携と一体連携の試みです。二〇一六年二月六日付の西日本新聞は、この取り組みについて次のような記事を掲載しました。

「元組員雇用に助成へ　『組抜け』決断後押し

『助成金があっても、元組員の受け入れには、企業側に相当の理解と覚悟がいる』『元組員の就労意欲は未知数で慎重に見極める必要がある』。各県の暴力追放推進センターの関係者からこんな声が上がるように、新制度ですぐに元組員の雇用が改善されるかは未知数だ。ただ、広末登元熊本大学特任助教（犯罪社会学）は言う。『「社会が受け入れて、支えてくれる」との希望を組員に示すことが重要だ』。福岡で新たな挑戦が始まる」

記者が筆者のコメントに入れてくれた「希望」はこの問題を考える上で、重要なキーワードになると思います。この試みがどこまでうまくいくのかは、まだわかりません。

今後、エビデンス・ベースド・ポリシー（実証的な根拠に基づく政策）として、検証されていくことでしょう。しかし、成功例を積み上げ、失敗例に学びながらの息の長い取り組みとなることを望みます。それこそが、社会にとっての「希望」になるのではないでしょうか。

「人的つながりの質」の強化

暴力団離脱者の社会復帰の試みは、未だ緒についたばかりであるがゆえに手探りの感が否めません。今後は、警察など公的機関によるフォーマルなコントロールとは別に、地域社会におけるインフォーマルなコントロールや、離脱者の地域社会への再統合ということを視野に入れ、地域社会と行政が協働した取り組み、すなわち、官と民そして地域社会が一体となった暴力団離脱者支援が必要になるのかもしれません。そのためには、菊池城治のいう「一般の人との社会関係の保持や安定した生活様式の確立のための生活指導」を念頭に置く必要があります。

加えて、ライフコース論にあるように、離脱者の社会関係資本を発達させ、配偶者や労働のみならず、近隣が「むら社会」として、社会的ボンドを強化する術を検討すべきでしょう（“Crime and Public Policy”, 1995)。

筆者は、暴力団組長の娘として生まれ、自らも犯罪に手を染めたが更生に成功した中川茂代さんという女性に、その半生を聞く作業を行ったことがあります（その内容は著作『組長の娘　中川茂代の人生――更生した女性が語る自身のライフヒストリー』〈ハーベスト社　二〇一五年〉としてまとめました）。この本を書くにあたり、彼女の近隣の組の元姐さんに話を聞く機会を得ました。その元姐さんは、更生に関して次のように語っています。

「警察は一通りのことしかしてくれんからなあ……辞めた者に仕事無いんが問題や。地元の商店街の偉いさんたちが話し合って、試験的に採用してみたらいいんちゃうか。地域が（立ち直る）チャンスやらなあかんわ」

中川さんの近所の人は、離脱者の更生について次のように述べていました。

「昔から知ってんねんから、カタギになるなら（近隣社会が）応援したらなあかん。根はええ子が多い、たまたまヤクザの道に行ってしまっただけの話や」

中川さんが更生を果たすことができた背景には、こうした周囲の人とのつながりがあったことは間違いありません。インフォーマルなコントロールを強化するためには、結婚や就労だけでは十分ではなく、対人関係で醸成される「人的つながりの質」が重要です。これらが整ってはじめて、暴力団離脱施策は、離脱におけるプッシュとプル要因の両輪を推進させることが可能となります。

このように考えると、暴力団離脱者の社会関係資本の発達や社会的ボンドの強化を念頭に置くのであれば、彼らを白い目で見て後ろ指をさしたり、社会的に排除するのではなく、地域社会への再統合という当たりまえの視点や健全な配慮が、今後、真の安心・安全かつ健全な社会実現のための暴力団政策の要となると、筆者は考えるのです。

コラム――非行少年に寄り添うブラジル番長

非行少年の更生に尽力するＮＰＯ「セカンドチャンス！」。この組織は、元少年院経験者で構成されています。したがって、単に善意から、あるいは同情から立ち直り支援を行うボランティア団体とは異なり、痛みが分かる更生への助言や活動を行う、数少ない団体です。

理事長は才門辰史さんといい、非行から足を洗ってから大学で学んだ苦労人です。福岡の代表者は吉永拓哉さんです。吉永さんは別名、ブラジル番長といい、サンパウロ新聞の福岡支局長も兼務しています。『少年院で、大志を抱け』（幻冬舎アウトロー文庫　二〇一四年）という自伝はベストセラーとなりました。

吉永さんは暴走族の幹部で、バリバリのヤンキーだったそうです。その当時は一七三センチで六三キロというスリムな体型でしたが、今は彼が前に立つと後ろが見えないほどの巨漢に育っています。一九歳の時、覚せい剤使用、共同危険行為、暴力事件で逮捕されました。

逮捕二日目、腰縄を巻かれ、手錠をはめられた状態で父親と面会室で顔を合わせた時には気まずかったそうです。しかし、父親の第一声は「留置場の中はどんなふうか？」という気づかいの言葉。怒鳴られると思っていた彼には意外でした。さらに、彼が行ってきた事件については一切触れなかったといいます。そして「おまえが望むなら弁護士を雇おう。親としてやるだけのことはやっちゃる」と言ったそうです。この一言は効いたと吉永さんは回想します。「よし、更生しよう」と決断するまでには至らなかったものの、両親に対する申し訳なさとありがたさは身に染みたそうです。

そして、筆者も何度かお邪魔したことのある家庭裁判所での審判の日、裁判官は中等少年院送致を告げました。そして、「ご両親から何か話すことはありますか？」という問いを発したそうです。

母親は「わ……、わたしが産んだ子ですから……」と顔をクシャクシャにして涙をこぼしながら言ったそうです。母親の一言は、それまで呆然としていた吉永さんの後頭部に、アントニオ猪木の延髄斬りを喰らったごとくガツーンと響いたそうです。

少年院の仮退院後の進路について、ある日の面会時間に次のような会話があったそうです。父親はジッと目を見ながら突拍子もないことを言い放ちました。

「おまえここを出たら南米へ行ってこい」

理由を尋ねると、

「オレも昔はワルで高校を無期停学になったこともある。だが、大学時代に恩師の勧めで南米を放浪してから人生観が変わったんだ。おまえも日本ではダメな人間かもしれんが、南米に行けばゼロからスタートできる。旅費だけは出しちゃるから、地球の反対側で人生勉強してこい。オレがすべて責任を持つ」

そう言って、机の上に南米関係の資料や語学本を広げたそうです。「なんちゅう教育方針を立てる父親や。ノォー!!」と内心悲鳴を上げたそうですが、結局、お父さんの教育方針は間違っていませんでした。自律心や社会人基礎力（職場や地域で活躍する上で必要となるスキル）を鍛えるには、未知のブラジル行きは絶好の機会だったようです。

現在の吉永さんは非行少年の立ち直り自助グループ活動「セカンドチャンス！」に加えて、町内会長として親不孝（現・親富孝）通りの振興（時代の移ろいと共に、このかつてのホットスポットも寂れてきました）、在日外国人の送金窓口や就職の斡旋や相談事、そしてイラストレーターと、様々な顔を使い分け、忙しい日々を送っています。

「セカンドチャンス！」に加わるには、必要な資格があります。それが少年院入院経験者という負の経験です。いつも集会の時、筆者にもお呼びが掛かります。

「吉永さん、私は年少（少年院）行っとらんとばい。イモ引いてナンパ転向したっちゃけん」

「いえいえ、先輩はこの辺（親不孝通り）で悪さしよったでしょう。それが仲間の資格です」

仲間と思ってくれているおかげで、筆者の知り合いの大学の先生が「活動内容を調査したい」というような依頼をしてきた場合には、気持ち良く受けてくれます。「不良の仲間意識に時代や年齢は関係ないっちゃね」と嬉しく思ったエピソードです。

吉永さんは、後輩の不良に次のようなメッセージを残しています。

「机の上で学習するというよりも、自分の体を張って学ぶのがキミたちの勉強スタイル。だから普通の人よりもいろんな経験をした方がいい。生き方が間違っていたとすればボクのように必ず天罰が下るし、純粋に生きていればいい方向に向かう。何度も何度も失敗して怒られて、つらい目にあって恥をかいて、そして、数々の経験の中から、いつか『これは面白い』というものが必ず見つかるはずなので、その時に自分の持っているすべてを賭ければ、経験豊かな悪ガキはきっと成功すると信じている」

終　章　ある更生の物語――犯罪社会学者への道のり

筆者の生い立ち

第三章でも少し触れましたが、筆者自身、非行少年だった時期があります。そんな筆者が非行から更生し、犯罪社会学者として暴力団員を研究するようになったのは、様々な「偶然」の結果です。決して一〇代の頃から計画した人生設計の賜物ではありません。その「偶然」の連鎖を、少しお話ししたいと思います。

筆者が生まれた家庭は、大変貧しい家庭でした。貧しいといっても、主に物質的な貧しさ、社会的資本の貧しさであり、文化的資本までもが撤収された家庭ではなかったのが幸いでした。家庭内にテレビがなかったので、仕方なく本を読みます。本だけは、父親が大学の助手か講師をしていた関係で沢山あったから活字に親しむ機会はあったのです。

現在、物書きができるのも、いや、不良から足を洗って大学や大学院で学べたのも、この読書のお陰かもしれません。

まず、このような家庭環境に生まれたことは、重要な偶然です。

小学校に通えなかった頃

小学校、普通は通うものです。ところが私は、父親が「教員や級友から、負の人格投影を受けるから（悪い影響を受けるから）」と考えたせいで、通学できませんでした。そのため大体、日中は図書館か大学の中で放置されていた記憶があります。

そのような生活を二年以上続けました。教育委員会の強い働きかけにより、登校できるようになったのは三年生になる年齢からです。

学校というところは転校などで途中から入りますと、二週間後くらいから、クラスのふるい分けに遭います。この子はどのグループに入ってもらおうかな……という具合に、イジメらしきものや、様々な試練が用意されるわけです。いやはや、対人関係のスキルを学んでいなかった私には、泣き寝入りするか喧嘩するしか方法はありません。しかし、喧嘩で負けて帰ると、家に入れてもらえません。父親は高校時代にラグビー部で、超体育会系人間でした。

仕方ないので、日々、喧嘩上等でした。母親が何度呼び出されたか、カウントしていないのでわかりませんが、それは申し訳ないほどでした。

当時の私は「野生のエルザ」と同じでした。人との接し方を学んでいないのですから。さらに悪いことに、私は少々吃音の傾向がありましたので、口喧嘩がうまくありませんでした。結果、手を出す方が簡単、と考えていました。

家に入れてもらえない場合がもう一つありました。テストの点数です。九〇点でもうイエローゾーンです。ですから、常に一〇〇点を取り続けなくてはならなかったのですが、私はこの高いハードルを越え続けました。実は完全にズルで、アンチョコがあったからなのですが、このカラクリにご興味があれば、拙著『若者はなぜヤクザになったのか』をお読みいただければと思います。K小学校（福岡市中央区）の同級生は、私のことを天才と思っていたでしょうが、実際は、まったく違います。

六年生からは塾に行かされました。森田塾といい、各学校のトップクラスの人たちが、試験を受けて入る当時では最強の塾でした。二週間ごとに試験をして、クラス分けが行われます。A、B、C、各クラスの一五番以内の名前は貼り出されますから、手が抜けません。この塾でトップであるということは、福岡市内で一番ということなのです。

私は、中学二年の四月までこの塾で勉強し、J中では四百名中、常にトップでした。しかし、父親がマンションの管理人の仕事を得て**偶然**、M中に転校してからというもの、また喧嘩の毎日となります。

喧嘩をすると、不良に目を付けられます。このM中は、九州最大の商業地区である天神が校区内にありましたから、不良の割合も多い学校でした。更生するには時間がかかりますが、不良になるのは急降下です。いや実に早いものでした。

毎日やることは、万引き、タバコ、タダゲーム、カツアゲ、ナンパ……そんなところでした（幸いなことに薬物はやっていません）。街中で補導員のオイちゃんから「君、どこの中学なの。今時分何してんの」などと声をかけられると、「なんかきしゃん、関係なかろーが」などと凄んでいました。今考えると恥ずかしいことですが、バスの中でも咥えタバコですから、白い目で見られていました。

不良から軟派へ

そのようにグレた結果、家裁送致は二回、交通裁判所にも一回送られました。少年鑑別所に行かなかったことが不思議なくらいです。しかし、最後にパクられたとき、福岡中央署の警部からは「今度は年少（少年院）ばい」と言われました。

その直後、ある光景を目にしました。リーゼントで決めた兄ちゃんが、署の廊下を手錠、腰縄で警官に連行されていたのです。彼は泣いていました。連行している警官は決して優しい態度ではありませんでした。

いま、私は、彼に会ったらお礼が言いたいと思います。なぜなら、この光景を、**偶然**見たことで、私は非行から足を洗い、軟派に転向したからです。

高校にも行かず、バイトでもらえるカネで、深夜徘徊したりディスコに行ったりと自堕落な生活をしていました。ある日、恰好がダサイことに気が付きました。しかし当時はやっていたDCブランドの服は、上下で一〇万円はします。時給四五〇円の身では、手が出ません。どうしようかと知恵を絞りました。その結果、DCブランドの店員になればいいことに気が付きました。

早速、年齢をごまかして、天神ビブレ（博多の商業ビルです）のDCブランド店に潜り込みました。買いましたねえ、たくさんの服。こういう格好だと、ディスコに行ってもモテ方が違います。またもや自堕落な日々でした。

たまに暴走族の先輩から誘われて、悪いこともしていました。この頃までは、街中の喫茶店で殴り合いの喧嘩をして、周りの人から白い目で見られるといったことがありました。

そうこうしていると、そのDCブランドのオーナー兼デザイナーが視察に来ました。「そうだ、デザイナーになろう」とピンときました。この後の詳細は省きますが、三年後、デザイナーになり、東京の篠山紀信スタジオの横にあるアトリエで働くようになります。

これもまたオーナーによる視察という「**偶然**」のお陰です。ただ、この偶然は、私の行動が切っ掛けとなって生じた偶然です。これ以降の偶然は、私自身の行動の結果生じた偶然であり、「偶然を生み出した」という見方ができると思います。

アトリエには毎日皆勤賞で頑張りました。しかし、社内でイジメにあいました。「中卒は天然記念物」と呼ばれ、叩かれたりもしました。忍耐力つきましたねえ。何度、テープカッターを振り上げたかわかりません。

そこで、「よっしゃ、おれはこう見えても福岡市内でトップテンに入ったこともあるっちぇ、学歴がなんぼのもんや」と思い、二二歳の時に社長に相談し、高校進学のために帰郷しました。入学したのは二三歳の時、福岡県立修猷館高校の通信制です。ここで四年間、デパートの岩田屋と新天町のブティックで働きながら学びました。

そんなある日、**偶然**、福大（福岡大学）に進学した先輩が通信の課外クラスに遊びにきていました。通信のクラスメイトにとっては、大変な高学歴者ということで、チヤホヤされていました。本人もニヤケ顔です。でも私は、「へっ、福大がナンボのもんじゃい。おれは九大（九州大学）に行っちゃるけん」と思ったものです。

二七歳の大学生

結局、九大ではありませんが、北九大（北九州市立大学）に行きました。

二七歳で大学一年生です。一八歳と話が合いません。ノートを借りる相手も居ない中、小倉にあるパチンコ屋（パーラーアサヒ中津口店）に半分住み込みで働きながら、通学しました。寝る時間は一日に三〜四時間程です。三年間、またまた根性が鍛えられました。

ちょっとした自慢ですが、一教科も単位を落とすことなく、三〇歳で大学を卒業しました。しかし、あこがれのサラリーマンになれません。世の中、就職氷河期でした。さらに、私は前歴がありますから、ある大手を断られました。昔は身辺を調べましたからね。

二年ほどキャラバンを転がして洋服屋のドサまわりをしましたが、得心のゆかぬまま世間に順応して人生に後悔したくないと考えた私は、一生に一度、なにか魂が納得する拠り所をつくるべく、大学院に進学したいと考えるようになりました。

そこである日、思い立って犯罪学の教授の研究室に電話しました。普段あまり大学にいない先生だったのですが、その時は偶然、教授はそこに居て、「今から来い」と言ってくれました。仕事を早退して向かい、「大学院に進学したい」とお願いしました。すると、先生は英語の本を出してきました。その本は、Ａ４サイズで、厚さ六センチ、重さは一キロという代物。

「これを読めるようになったら、考えよう」

教授の言葉に、「無理やろ」と正直思いましたが、「頑張ります」と答え、その日から二年間、地獄の特訓が始まりました。

何とか、三二歳で大学院に入学しました。大学院では研究計画書を提出しなくてはなりません。問題意識が無い人はこの計画書が大変です。私の場合は、偶然、地元の同級生に暴力団に加入する者がいたことから「なぜ、彼らはこの一線を越えることができるのか」という問題を温めていましたから幸いでした。

なぜ、この「一線越え」がそれほど気になったのか。

前述のように不良をしている時の仲間のことが関係していました。いつの間にか「君」から「さん」に昇格した仲間のことがひっかかっていたのです。「ヤクザになったら偉くなるんかいな」と、私はどうも腑に落ちなかったのです。

「なして、一線を越えれるとかいな」

その時からの疑問でした。

議員秘書に転職

私は、洋服屋をしていましたから、ヤクザといわれる人も、当時の顧客にいました。その関係で、話を伺うことができました。さらにラッキーなことに、元不良ですから、彼らの言葉が解説無しで分かりました。暴力団加入要因の研究における調査協力者は、元ヤクザ幹部の牧師とその信徒さんたちです。かれこれ、一〇年も、彼らとはお付き合いがあります。牧師さんとの出会いは、**偶然**のネット検索の結果です。

大学院は五年間です。そりゃあ、もう、やることが多くキツい日々、遊ぶ暇はありません。ふつう三二歳という年代は、会社内でも慣れて、OLにモテていてもいい年齢ですが、イヤイヤ、五年間、バレンタインの収穫は、毎年ゼロでした。

そのような試練の日々を経て、現在の私があります。北九州市立大で学んだ九年間は、いま思い返しても、とても充実した期間でした。

ところが、大体、大学院博士課程修了者には仕事がありません。博士の一割位が、「死亡・不詳の者」になるという、もったいない国ニッポンですから、足掻いても仕方ありません。「末は博士か大臣か」と言われたのは遠い昔のこと。現在、我が国における博士号は、太宰治風に言うと、大悲劇名詞に入るのかもしれません。

大学院修了後、無職の私が、**偶然**、参議院選挙直前に目にしたのがある候補者の看板でした。ピンときました、ボランティアで頑張って、仕事を紹介してもらおうと、選挙事務所の門をくぐりました。

夏の参議院選挙、大変です。暑いです。我ながら相当頑張りました。地元ですから、候補者夫人の運転手もしました。候補者が当選したのは幸いでした。この候補者の政策担当秘書から声をかけてもらい、結局、私も半年後に政策担当秘書になっていました。参議院秘書選七三一号、どうも不吉な番号です（関東軍第七三一部隊を連想すると、他の秘書にからかわれたものです）。

余談ですが、よく人から「礼儀正しいね、秘書しよったからやろう」と言われます。その場合は「そうですねえ」などと当たり障りなく返していますが、実は、この礼儀正しさは、不良時代に培われたものです。先輩怖いですから。同年代のヤンチャを経験した人なら、筆者の言う事が分かってくれるはずです。親分の機嫌が悪い時にヤマ返して（口答えして）、ガラスの灰皿でアタマカチ割られたことのあるヤクザの方なら、なおさら分かってくれると思います。

結局、政権交代後の某与党では多忙を極め、三年半後、体調を崩した私は、秘書稼業から足を洗い、福岡に帰ってきました。

大学院時代から政策秘書時代にかけて書いた論文や質問主意書、委員会質問、議員活動報告や政党機関紙などの分量をA４判の紙にすると、ワンルームの半分が埋まるのではないでしょうか。それほど書いていた私が、体調を崩してからというもの、手紙一本書けません。もう、処置なし状態でした。そのようなどん底の私に、書くことを勧めてくれたのが、大学院の指導教授の松尾太加志先生でした。ヤケクソで書いた小説が、偶然、あるコンテストのノベル部門で特別賞を貰いました。もう一遍書いてみるかなあなどと考えていると、元ヤクザの人たちから、暮らしにくい社会の不満を耳にするようになりました。

そうか、それならばもう一遍、ヤクザの研究をしてみようと考えました。それで、その年の終わり、求人誌で偶然見つけたバイト、すなわち、テキヤの一座に加わりました。「こら荒療治ばってん、これやれたら、完全復活ばい」という一念で臨みました。

テキヤでは、土方仕事、荷役、喧嘩、商売、寒さとの闘い、「きしゃん、コラ、なんモタモタしよっとや」などと怒号が飛びます。三寸の下（売台の見えないところ）で、足を蹴られます。それは壮絶です。七〇名ほどのバイトが来ますが、三日後には一〇名ほどになります。しかし、筆者は、根性で乗り切りました。すると、最終日に親分が来て「ほんと助かったばい。あんたよう頑張った。また来てくれるかいな」と言い、頭を下げてくれるではありませんか。霞が関の官僚から頭を下げてもらうより、嬉しかった記憶があります。

ひと月後、偶然、『ヤクザの文化人類学』（岩波書店　一九九六年）で知られるテルアビブ大学のヤコブ・ラズ博士の共同研究者が、福岡に来県しました。このとき、通訳に来た九大の上田光明准教授（いまも愛すべき悪友です）と意気投合。イスラエル人を放ったらかしにして、中洲のバーで朝まで飲んだ記憶があります。その彼が、私の研究を認め、翌年の日本社会病理学会の大会で報告するように勧めてくれました。

おかげさまで、この報告以降、学研社会における人生は好転し、二〇一四年度には、公益財団法人日工組社会安全研究財団からの助成金を受け、筆者の故郷、北九州市において焦眉の問題である、あるいは、これまで知り合ったヤクザの人たちが直面している問題、すなわち「暴力団離脱実態」の研究に、恩師や仙台大学の先生と協働して着手し、離脱政策のたたき台を提案した次第です。そうそうたる高名な先生方の研究結果と比べられる緊張した一年でしたが、実に充実した年でした。

こうして自分の半生を振り返ってみても、若いころにヤンチャしてきたことが、いいことかどうか分かりません。ただ、今になって言えることは、負の経験もまた貴重な人生経験であるということです。そして、こうした負の経験のお陰で、たとえば、私には堪え性が涵養されました。堪え性は、社会に出て役に立ったと思います（ただ、堪え過ぎてナメられたことも多いですが)。

それ以外にヤンチャの効用は何かと考えると、人間関係と対人スキルだろうか、とは思います。ある不良の後輩はこう言います。

「下手に出た方が得をするとです。相手が油断して本性出しやすいでしょう。そこで偉そうにするヤツとは、付き合わんやったらいいけんですね。これ、ある先輩に教えてもらったとですよ」

こうしたスキルを不良は先輩や同輩の鉄拳で学びますから、身体に沁み込んでいるという面はあるのでしょう。

以上のような経緯を経て、二〇一四年に講談社の井上威朗編集長と出会いました。さらに、そのご縁で、二〇一五年の暮れには、新潮社の後藤裕二編集長と出会いました。そして、本書を執筆することになったのです。人の縁とは不思議なものです。

縁は偶然を生みますが、それは人の行動により作り出されるものです。この場をお借りして、筆者の更生を、学びをご支援下さった方々へ、生きる希望を与えてくれた多くの皆さま、そして何より、財布の紐をゆるめて本書を購入してくださった読者の皆様に、厚く御礼申し上げます。

コラム——ヤクザにならなかった理由

本章でも触れた通り、筆者が不良から足を洗ったきっかけは、福岡中央署の廊下で、腰縄を付けられて引いていかれていた若者の姿を見たことでした。

本書の執筆中、筆者と同様に、ある時点までは不良で、暴力団に入る可能性もあったにもかかわらず、結局は思いとどまった経験を持つAさん、Bさんに話を聞く機会を得ました。二人とも非行集団と少年院経験者です。年齢はAさんが調査時点で三八歳、Bさんが三四歳。

Aさんは元暴走族副総長で覚せい剤使用、共同危険行為、傷害で少年院に六か月の入院歴あり。Bさんはグレン隊経験者で傷害や恐喝、シンナーの売買で少年院に一一か月の入院歴あり。しかし、二人とも、グレ続けて再び少年院に戻ることはありませんでした。刑務所にも行っていません。

Aさんは、「ヤクザの人とはガッツリ付き合えなかった。冷静に考えたら（ヤクザの人は）ノリが違うから一歩引いていた気がする」、「知らずに働いた建設業の会社がヤクザのフロント企業で、周りには、ズルズル（組に）入っている人も居たが、さすがに、それをやると、自分は親に悪いと思った」と回想します。

Bさんは厳格な家庭が嫌で家出ばかりしており、一七歳位の時期、三度目の家出先の友人宅が組長の家だったことから、そこに居る若い衆を見て「カッコよかぁ」と思い、「ヤクザに入る気満々だった」そうです。しかし、たまたま実家に戻った時、そのことを両親に告げると、両親が必死で諫めたといいます。数日後、暴力団のフロント企業に、両親と三人で「菓子折りを持ってお詫びに行った」と回想します。

暴力団に加入しなかった二人と筆者の家庭環境の共通点としては、両親が揃っていることが挙げられます。躾もなされていますし、教育もされています。筆者も含めて、みな、成績の良し悪しは別として、勉強は塾などで強制的にやらされた経験がありました。

ただ、経済的な側面を見ると、AさんとBさんの家庭は裕福な部類に入り、これは筆者と異なる点です。Aさんの家は地元では有名な貿易会社、Bさんの家は料理屋さんで、叔父さん二人は、歯科医と学校の先生です。

個人的な資質では、筆者や彼らには「強い地位的欲求」が無い点が共通していました。この点が決定的な要因のようにも思えます。筆者は、非行集団の中で番長になろうなどとは考えたこともありません。Aさんは「暴走族の中で、とりあえず無難な役職として検討した結果、副総長を選択した」と言います。Bさんは「中二で（暴走）族に入りに行ったが、ルールが面倒くさいので、二つ上の先輩たちのグループとつるむ方が楽やった。族は自由が制限されるとが嫌やったです」と回想します。二人とも地位的な欲求はなかったと口を揃えます。

この三人のデータだけで一般化はできませんが、本文で述べた仮説を裏付けるエピソードにはなっているかと思います。

なお、AさんとBさんは、現在は、社会のために役立つ仕事をし、中学校や少年院で講演を行っています。そして、「痛みを知る支援者」として、福岡県や佐賀県で、非行少年の更生支援のために活躍しています。

あとがき

本書では子どもがグレ続けた挙句、暴力団員になるプロセスを論じてきましたが、彼らの暴力団加入が単なる「自己責任」ではないということがお分かりいただけたでしょうか。

我々の社会に、これまでニーズがあったから暴力団は共生してきたのです。そしてそこは、行き場のない若者のセーフティネットという機能も有していました。山口組三代目の田岡一雄は、自伝において次のように語っています。

「わたしのところに集まってくる者は、みんないいところをもっているくせに、親の手にも負えない拗《す》ね者が多い。放っておけば悪くなる一方だ。それを規正し、なんとか人並に働かそうと心配しているのが組である。極道者はわたしがまとめて面倒をみるが、それを不逞無頼の集団として目の敵にするならば、いっそのこと、組もいかん、会もいかんという法律をつくったらいいではないか」(『山口組三代目　田岡一雄自伝』徳間書店　二〇〇六年)。

たとえば、国全体を人の身体に例えると、病理に冒された臓器を「自己責任でしょ」で済ませてよいでしょうか。「ヤクザになったのは自分の意思でしょ。それは自己責任だから、自分で何とかしなきゃ」という意見も度々耳にしました。生まれた家庭の質——子ども時代の家庭の貧困や、親の放置や暴力が自己責任でしょうか。重い何かを背負って生まれてきた境遇が自己責任でしょうか。すべてに自己責任をあてはめる人には、「へぇーそうなんだ。ホントかな」と、言いたくなります。

医師に「あなたの血液を調べたところ、肝臓癌の疑いがあり、精密検査が必要です」と言われて、「それって、肝臓の自己責任じゃね。おれ関係ないし」で、済ませられるでしょうか。日本社会も同様です。我々一人ひとりは、この国を形作る大事な細胞です。ましてや、社会集団となると、臓器レベルです。対岸の火事や自己責任論という、単純な議論では片付けられません。

完全な健康体というものが、理想ではありますが、完全な健康体の人などは存在しません。社会も同様に、完全に健全な社会というものは存在し得ないでしょう。白か黒か、善か悪か、人は単純なラベルを求めますが、そうは問屋が卸しません。グローバル化が進む世の中は、ますます複雑になっています。白と黒の間には限りなく黒に近いグレーから、限りなく白に近いグレーまであります。カラーチャート（色見本）を持ち出すまでもありません。しかし、この世の中、様々な色があるから、美しい、楽しい、個性がある、味があるのではないでしょうか。筆者のような枯れ木でも、学研社会という山のにぎわいです。枯れ木があるから新緑の緑（若い研究者）が美しいのではないでしょうか。紅葉の赤（盛りにある研究者）が映えるのではないでしょうか。それが多様性ということだと思うのです。

本書を一読されて、盲目的な暴力団追放も、その根拠となる短絡的な自己責任論も、道徳十字軍的な理想論も、結局は実際的ではない。そのように思っていただけましたら、著者として研究者冥利に尽きます。

もう一点、最後に一言付言させていただきます。よい社会をつくる上で、我々が最も注意したいことは、個人の無知、無関心、無感動、他人任せ、短絡視という態度です。社会を変えるには、まずは自分から変わる必要があります。人が変われば社会が変わり、社会が変われば国が変わる。我々一人ひとり、国の細胞が、知恵を絞って考え、日々、一人ひとりが笑顔で暮らすことができ、未来に希望がもてる、共生可能な社会構築のために努力しなくてはならないのです。

本書が、ヤクザに限らず、ひとりでも多くの人が、明るい希望を持つことができ、未来のためになる、建設的な何かを考える切っ掛けになることを祈りつつ、筆をおかせていただきます。


本書を一読されて関心を持っていただけましたら、『若者はなぜヤクザになったのか――暴力団加入要因の研究』（ハーベスト社　二〇一四年）、公益財団法人　日工組社会安全財団の二〇一四年度助成研究実績・一般研究助成研究報告書（http://www.syaanken.or.jp/wp-content/uploads/2016/01/RP2014A_001.pdf）を、ご参照下さい。調査方法などについて、詳細をご覧いただけます。

なお、本書やこれらの研究において提示された知見は、筆者の限定的な研究によって得られたものであり、地域や時代等によってまた別の知見もありうると思います。ぜひとも様々な立場の研究者や当事者からのご指導、ご意見を賜れれば幸いです。

主要参考・引用文献

・安倍淳吉、『犯罪の社会心理学』、新曜社、一九七八年
・アルバート・K・コーエン、宮沢洋子訳、『逸脱と統制』、至誠堂、一九六八年
・アルバート・K・コーエン、「逸脱行動とその統制」（タルコット・パーソンズ編、東北社会学研究会訳『現代のアメリカ社会学』誠信書房所収）、一九六九年
・石川正興、星野周弘、小柳武、辰野文理、島田貴仁、小西暁和、中條晋一郎、菊池城治、高橋正義、渡辺昭一、『日中組織犯罪共同研究　日本側報告書Ⅰ――暴力団受刑者に関する調査報告書』、財団法人社会安全研究財団、二〇一一年
・石元太一、『不良録――関東連合元リーダーの告白』、双葉社、二〇一二年
・岩井弘融、『病理集団の構造――親分乾分集団研究』、誠信書房、一九六三年
・岩井弘融、『犯罪社会学』、弘文堂、一九六四年
・上野貴広、「犯罪学におけるライフコース・パースペクティブの台頭と展開――サンプソン＝ラウブの所説を中心に」（『北九州市立大学大学院紀要』20所収）、二〇〇七年
・菊地和典、「暴走族――共同危険行為」（菊田幸一・西村春夫編集『犯罪・非行と人間社会――犯罪学ハンドブック』評論社所収）、一九八二年
・小学館国語辞典編集部編、『日本国語大辞典』、小学館、二〇〇〇年
・瀬川晃、『犯罪学』、成文堂、一九九八年

・田岡一雄、『山口組三代目　田岡一雄自伝』、徳間書店、二〇〇六年
・高橋良彰、『新犯罪社会心理学』、学文社、一九九九年
・橘木俊詔編著、『封印される不平等』、東洋経済新報社、二〇〇四年
・タルコット・パーソンズ、ロバート・F・ベールズ、橋爪貞雄・溝口謙三・高木正太郎・武藤孝典・山村賢明訳、『家族――核家族と子どもの社会化』、黎明書房、二〇〇一年
・チャールズ・E・ビドウェル「現代社会の青年」(タルコット・パーソンズ編、東北社会学研究会訳『現代のアメリカ社会学』誠信書房所収)、一九六九年
・ニコラス・アバークロンビー、スティーブン・ヒル、ブライアン・S・ターナー、丸山哲央監訳・編集、『新しい世紀の社会学中辞典』、ミネルヴァ書房、一九九六年
・原田豊、「ライフコース論と犯罪対策」(『刑法雑誌』38〔3〕)、一九九九年
・廣末登、『若者はなぜヤクザになったのか――暴力団加入要因の研究』、ハーベスト社、二〇一四年
・廣末登、『組長の娘　中川茂代の人生――更生した女性が語る自身のライフヒストリー』、ハーベスト社、二〇一五年
・廣末登、松尾太加志、田中智仁、『社会病理集団離脱実態の研究』、公益財団法人　日工組社会安全財団、二〇一四年
・ポール・ファッセル、板坂元訳、『階級（クラス）――「平等社会」アメリカのタブー』光文社文庫、一九九七年
・宝月誠、『逸脱とコントロールの社会学』、有斐閣アルマ、二〇〇四年

・星野周弘、麦島文夫、原田豊、「最近の暴力団加入者と暴力団予備軍少年に関する研究（Ⅰ）——新加入者と予備軍少年の社会的背景」（『科学警察研究所報告・防犯少年編』22（1））、一九八一年
・星野周弘、原田豊、麦島文夫、「暴力団からの離脱者の社会復帰に関する研究」（『科学警察研究所報告・防犯少年編』23（1））、一九八二年
・星野周弘、「暴力団員の離脱過程に関する研究——暴力団員の追跡研究（Ⅱ）」（『科学警察研究所報告・防犯少年編』15（1））、一九七四年
・星野周弘、「最近の暴力団加入者と暴力団予備軍少年に関する研究——暴力団への加入過程」（『科学警察研究所報告・防犯少年編』22（1））、一九八一年
・星野周弘、「逸脱的な社会生活の構成とその制御」（宝月誠編『講座社会学10　逸脱』東京大学出版会所収）、一九九九年
・星野周弘、『社会病理学概論』、学文社、一九九九年
・星野周弘、「暴力団犯罪と刑事政策」（森下忠、香川達夫、齊藤誠二編『日本刑事法の理論と展望　下巻——佐藤司先生古稀祝賀』信山社所収）、二〇〇二年
・細江達郎、『図解雑学——犯罪心理学』ナツメ社、二〇〇一年
・溝口敦、『暴力団』、新潮新書、二〇一一年
・溝口敦、『続・暴力団』、新潮新書、二〇一二年
・水月昭道、『高学歴ワーキングプア——「フリーター生産工場」としての大学院』、光文社、二〇〇七年

・宮崎学、『暴力団追放を疑え』、筑摩書房、二〇一一年
・宮崎学編著、『メルトダウンする憲法・進行する排除社会――暴排条例と暴対法改訂の「いま」』、同時代社、二〇一二年
・森田洋司、「逸脱の研究方法」（宝月誠、森田洋司編著『逸脱研究入門――逸脱研究の理論と技法』文化書房博文社所収）、二〇〇四年
・ヤコブ・ラズ、高井宏子訳、『ヤクザの文化人類学――ウラから見た日本』、岩波書店、一九九六年
・矢島正見、「中学生にみる非行少年像」（『犯罪社会学研究』8所収）、一九八三年
・矢島正見、田村雅幸、松本恒之、「非行少年の適応と自己概念」（『犯罪社会学研究』16所収）、一九九一年
・矢島正見、『少年非行文化論』、学文社、一九九六年
・吉永拓哉、『少年院で、大志を抱け』、幻冬舎アウトロー文庫、二〇一四年

・Cloward, R , & Ohlin, L, Delinquency and Opportunity : A Theory of Delinquent Gangs, Glencoe, IL : Free Press, 1960
・Cohen, A, Delinquent Boys: The Culture of the Gang. Glencoe, IL : Free Press, 1955
・Hagan, J, Crime and Disrepute. Thousand Oaks, CA : Pine Front Press, 1994
・Hirchi, T, A Control Theory of Delinquency. The Craft of Criminology : Selected papers, New Brunswick, NJ : Transaction Publishers, 2002

・Kaplan, H, Self-Attitudes and Deviant Behavior. Santa Monica, CA : Goodyear Publishing, 1975

・Kaplan, H, Deviant Behavior in Defense of Self. New York : Academic Press, 1980

・Kaplan, H, Martin, S, & Jonson, R, Self-rejecting and the Explanation of Deviance: Specification of the Structure among Latent Constructs, American Journal of Sociology, 1986

・Laub, J. H., Sampson, R. J., Corbett, R. P., Jr., & Smith, J. S., The Public Policy Implications of a Life-Course Perspective on Crime, In H. D. Barlow (Ed.), Crime and public policy : Putting theory to work. Boulder, CO : Westview, 1995

・Miller, W. B, Lower Class Culture as a Generating Milieu of Gang Delinquency, Journal of Social Issues, 14 (3), 1958

・Parsons, T, Essays in Sociological Theory, Glencoe, IL : Free Press, 1954

・Sampson, R. J, & Laub, J. H, Crime in the Making : Pathways and Turning Points Through Life, Cambridge, MA : Harvard University Press, 1993

・Siegel, L. J, Criminology (7th ed.), Belmont, CA : Wadsworth/Thomas Learning, 2000

・アサヒ芸能、二〇一六年二月一八日号、「清原和博 電撃逮捕までの『薬物アリ地獄』３６５０日」

・西日本新聞経済電子版、二〇一四年七月三一日、「組員お断り『標章』２年　北九州市での掲示３割減　未解決事件が影響か」、http://qbiz.jp/article/42990/1/

・西日本新聞、二〇一六年二月六日、「元組員雇用に助成へ　『組抜け』決断後押し」

・毎日新聞、横浜・川崎版、二〇一六年二月五日、「中1殺害求刑　遺族に顔向けず」
・毎日新聞、横浜・川崎版、二〇一六年三月五日、「成育歴影響し少年加担――中1殺害公判　情状鑑定・心理士証言」
・琉球新報、二〇一四年九月三日、「非行　厳しい生育環境」
・琉球新報、二〇一四年九月八日、「少年非行を考える」

廣末 登　1970（昭和45）年福岡市生まれ。北九州市立大学社会システム研究科博士後期課程修了。博士（学術）。久留米大学非常勤講師（社会病理学）。著書に『組長の娘 中川茂代の人生』など。

Ⓢ新潮新書

678

ヤクザになる理由《りゆう》

著　者　廣末《ひろすえ》 登《のぼる》

2016年7月20日　発行

発行者　佐　藤　隆　信

発行所　株式会社新潮社

〒162-8711　東京都新宿区矢来町71番地
編集部(03)3266-5430　読者係(03)3266-5111
http://www.shinchosha.co.jp

印刷所　二光印刷株式会社

製本所　株式会社大進堂

ISBN978-4-10-610678-1　C0236

Ⓢ新潮新書

336
日本辺境論
内田樹

349
ん
日本語最後の謎に挑む
山口謠司

410
日本語教室
井上ひさし

421
マイ仏教
みうらじゅん

488
日本農業への正しい絶望法
神門善久

日本人は辺境人である。常に他に「世界の中心」を必要とする辺境の民なのだ。歴史、宗教、武士道から水戸黄門、マンガまで多様な視点で論じる、今世紀最強の日本論登場！

「ん」の誕生で日本人の思考は激変した！　五十音に入らず、決して語頭に現れない言葉がなぜ生まれたか？　ミステリーよりおもしろい日本語史の秘密を初めて解き明かす。

「一人一人の日本語を磨くことでしか、これからの未来は開かれない」――日本語を生きる全ての人たちへ、〝やさしく、ふかく、おもしろく〟語りかける。伝説の名講義を完全再現！

グッとくる仏像や煩悩まみれの自分と付き合う方法、地獄ブームにご機嫌な菩薩行……。辛いときや苦しいとき、いつもそこには仏教があった――。その魅力を伝える、M・J《みうらじゅん》流仏教入門。

「有機だから美味しい」なんて大ウソ！　日本農業は良い農産物を作る魂を失い、宣伝と演出で誤魔化すハリボテ農業になりつつある。徹底したリアリズムに基づく農業論。